자본에 관한 불편한 진실

자본에 관한 불편한 진실

정철진 지음

아라크네

|프롤로그|
자본에 속지 말라

내가 '자본'에 대해 본격적으로 고민하게 된 결정적 계기는 2000년대 초에 우연히 접한 한 권의 책 때문이었다. 19세기 중반 미국의 존 피어폰트 모건(John Pierpont Morgan, JP 모건 1세)으로 시작된 모건 가문의 행적을 다 읽었을 때 내가 받았던 느낌은 바로 '절망'이었다.

그들은 정말 대단하고 완벽했다. 마치 악마에게 영혼이라도 판 듯했다. 이 세상에 이처럼 뛰어난 세력이 있었다니……. 그랬다. 나 같은 놈은 평생 그들에게 당하기만 할 것이라는 좌절감과 패배감이 한동안 날 짓눌렀다.

하지만 더 놀랐던 건 그 다음이었다. 알고 보니 JP 모건 가문보다 몇 배는 더 강한 세력이 버젓이 존재하고 있었기 때문이다. 바로 록펠러 가문이었다. 석유와 달러를 양손에 들고 미국의, 세계의 돈을 싹싹 긁어 가는 록펠러 가문의 이야기를 파고들었을 때 나는 입을 다물지 못했다. 철저한 금욕주의자인 존 데이비슨 록펠러(John Davison Rockefeller, 록펠러 1세)의 일화를 하나씩 읽어 갈 때엔 손이 떨릴 정도였다. 앞서 JP 모건이 악마의 추종자급이라면 록펠러는 악마 그 자체가 아닌가 할 정도였다.

그렇게 잔인하고 사악한 그였지만 삶은 청빈했고 철두철미했다. 지금 이 순간에도 수많은 개신교 목사들은 '십일조'와 관련된 설교에서 록펠러를 거론하고 있으며, 록펠러 재단은 '노블레스 오블리주'의 표상으로 평가받고 있을 정도다.

그리고 JP 모건과 록펠러를 만난 이후, 일종의 공식처럼, 16세기 말부터 유럽에서 성장한 '황제 악마' 격인 로스차일드 가문을 만났다.

그 때쯤이었던 것 같다. 난 스스로가 많이 변해 있다는 걸 알게 됐다. 돈에 대한 관념이 바뀌어 있었고, 내가 지금까지 배웠던 '시장'이란 게 얼마나 허울 좋은 핑계수단인지도 깨달았다. 무엇보다 우리 경제를 왜곡하는 실체가 몇 개의 헤지펀드, 몇몇 가문, 몇 개의 정책이나 이념 등으로 한정되는 게 아니라는 걸 머리와 가슴으로 받아들일 수 있었다.

록펠러? 로스차일드? 다국적 거대 기업? 세계 패권 금융? 신자유주의? 이들은 결코 주범이 아니었다. 범인은 바로 '자본'이었고, 돈에게 모든 권리를 합법적으로 부여한 자본주의 시스템 그 자체였다.

가령 외환시장의 투기자본을 다 때려잡는다고 해서 모든 환율 구조가 투명해지지는 않는다. 왜냐하면 이런 개선 과정에서 또 다른 자본이 등장해 다시 모든 걸 빼먹어 갈 것이기 때문이다. 자본이라는 시스템, 자본이라는 매트릭스가 존재하는 한 JP 모건, 록펠러, 로스차일드, 국제 유태 자본 등은 명칭이나 주체만 바뀔 뿐 결국 자신의 잔혹한 활동을 영원히 계속할 것이다.

이런 깨달음 이후 난 경제활동의 목표를 '승리'에서 '생존'으로 바꿨다. 쉽게 말해 끝까지 살아남기만 하면 그것으로 충분하다는 거였다.

승부는 의미가 없다. 어차피 절대적으로 질 수밖에 없는 게임이니까. 하지만 어떤 순간에도 노예가 되지 않고 내 자유로운 영혼을 지켜 낼 수만 있다면 그것은 역설적으로 승리보다 더 값진 성과가 될 수 있다는 생각도 했다.

그렇다면 이를 위해서 난 무엇을 해야 할까. 이런 생존을 위해 우리가 먼저 해야 할 일은 도대체 무엇일까.

그것은 바로 자본에 속지 않아야 한다는 것이다. "돌을 떡으로 바꿔 보라"는 사탄의 시험을 단박에 뿌리친 예수처럼 자본이 만든 파멸의 길에서 단호하게 돌아서는 행동이 필요하다.

그런데 이처럼 속지 않기 위해서, 또 유혹을 극복하기 위해서는 일단 자본을 알아야 한다. 자본이 사용하는 전형적인 속임수 패턴을 사전에 숙지하는 것이 정말 중요하다. 그래서 난 이걸 파헤쳐 보기로 했다. 엄밀히 말해 이것이 바로 내가 이 책을 쓰게 된 직접적인 이유이다.

이 책에는 '자본'이라는 단어가 참 많이 나온다. 일반적으로 경제학에서 자본이란 재화를 생산하거나 용역을 부리는 데 기본이 되는 밑천이란 의미로 사용된다. 하지만 이 책에서 말하는 자본은 경제학에서 말하는 자본과 조금 다르다. 지금부터 등장하는 '자본'은 '돈 중의 돈'이면서 동시에 '돈 세상'을 의미한다.

가령 회사에 입사한 후 죽어라 절약하고 저축해 모은 돈 1억 원은 이 책에서 말하는 자본과 거리가 멀다. 우리가 자주 욕하는 자본가나 기업가들 역시 '자본'과 동일시하면 안 된다. 어떤 측면에서 보면 이들 역시 자본의 노예이기 때문이다. 또한 다국적 거대 금융 자본이나 스마트 머니 등은 유사성은 있지만 역시 하위개념이다. 이들은 자본의 속성과 수법을 남보다 더 잘 이해하고 이를 실천에 옮기는 세력 정도로 볼 수 있겠다.

앞으로 이 책에서 접할 '자본'이라는 단어는 세계 경제의 호황과 불황을 만들고, 전쟁과 평화의 시기를 조절하고, 인구구조를 바꾸고, 주거문화와 식생활을 결정하고, 신기술을 통해 삶의 방식을 바꾸고, 모든 원자재를 자신의 통제하에 두고 있는 구조적인 힘을 뜻한다. 돈으로, 돈만 주면, 돈만 있으면 모든 걸 해결할 수 있도록 정교하게 만들어져 있는 거대한 시스템이라고 이해해도 될 것이다.

어차피 우린 자본이 왕 노릇 하는 세상에 살고 있다. 난 지금 굳이 이런 세상을 뒤엎자는 말을 하고자 하는 것이 아니다. 차라리 그 용기와 정력과 분노를 자본의 실체에 다가서는 데 집중해 보자는 쪽이다. 현재 기준금리가 얼마인지 관심도 없으면서 은행을 욕하고, 주식 매매의 기초도 모르면서 주식 시장은 사기라고 비판하는 것은 좋은 자세가 아니다. 자신은 단돈 3천만 원 모아 본 경험도 없으면서 커피 값 3천 원에 벌벌 떠는 후배에게 돈의 노예라 비난하는 것 역시 마찬가지다.

이 책을 통해 나는 자본의 실체에 접근하고, 자본이 어떻게 우리에게 속임수를 부리는지 파헤치고자 한다. 그리하여 자본의 본모습을 알게 된다면 우리의 삶은 지금보다 훨씬 단단해질 것이다. 그리고 우리는 행복해질 수 있을 것이다.

》 자본에 관한 불편한 진실

|프롤로그| 자본에 속지 말라_ 004

01 시장은 '오야(おや)' 맘이다_ 013
- 017 "이번 판 누가 설계했어? 정말 징하다."
- 021 왜 똑같은 재료에 어느 때는 하락하고, 어느 때는 상승할까
- 023 자본은 알파와 오메가, 시작과 끝이다
- 025 노예가 되거나 아니면 떠나거나

02 대박은 쪽박의 꼬리를 문다_ 029
- 033 지하 1층, 지하 2층, 지하 3층 그리고……
- 036 자본은 왜 주기를 만드는가
- 038 뻔한 사기극에 빠지는 이유

03 자본의 행보를 읽어라_ 043
- 046 FRB와 앙드레 코스톨라니
- 051 금리 인상, 정말로 할 수 있을까
- 055 주식 투자와 금리 메커니즘

04 모든 환율은 조작이다_ 059
- 062 환율 변동 2년 후를 주목하라
- 065 환율은 과연 누가 움직이는가
- 068 달러를 손에 쥐고 환율을 흔든다
- 070 환율에 따른 성공 투자 능력은

05 자본과 내가 원한 치명적 유혹_ 075

- 079 인플레이션은 필연, 디플레이션은 우연
- 081 인플레는 최소한 '돈 벌 기회'를 준다
- 083 하이퍼인플레이션이 온다
- 087 열쇠는 '달러'가 쥐고 있다, 그러나

06 우리를 통제하기 위한 자본의 음모_ 091

- 095 세계는 점점 더 하나가 된다
- 098 사악한 자본이 주도하는 공룡기업의 출현
- 101 나는 유로존이 붕괴되기를 소망한다
- 104 디지털의 고리를 끊어 내자

07 은행은 돈을 빚으로 만들었다_ 107

- 111 자본의 선봉에 선 은행
- 113 예대마진과 지급준비율, 그리고 봉이 김선달
- 119 평소엔 시장논리, 급하면 정치논리
- 122 '먹고 땡'에 익숙해지자

08 워렌 버핏은 1%야, 아니면 99%야?_ 125

- 129 "유태계 금융 새끼들, 싹 다 죽여야 해!"
- 132 "난 1%도 아니지만 99%도 아닌데요?"
- 134 복지를 향한 경주는 시작되었다

09 세금은 자본의 무기가 아니다_ 139

- 142 자본의 행동대장 역할을 하는 국가
- 144 부자 증세도 자본의 뜻인가
- 146 세금은 죽음만큼 피할 수 없어야 한다

10 자본은 아파트 때문에 패배할 것인가_ 149

- 151 자본은 언제든, 어떤 식으로든 이긴다
- 152 대한민국의 아파트는 '기억' 이다
- 155 자본의 노림수, 전세에서 월세로
- 158 "집값 반 토막 나면 넌 살 수 있어?"

11 자본에게 2개의 태양은 없다_ 163

- 167 자본은 미국을 버렸다
- 172 중국은 다 갖췄다, 한 가지만 빼고
- 176 중국 패권을 말해 주는 3가지 신호

12 엔화 강세와 약세 사이에서 사건이 터진다_ 179

- 182 세계 경제의 시한폭탄
- 185 엔화는 자본의 충실한 도구였다
- 188 "매뉴얼대로만 움직여서 어떡할래?"

13 "달러를 가질래, 석유를 가질래?"_ 193

197 도대체 석유는 얼마나 남아 있는 거야?
199 달러를 가질래, 석유를 가질래?
201 달러는 싸서, 원유는 귀해서 죽는다
202 "내 손자는 도로 낙타를 타고 다닐 것이다"

14 금은 굉장히 미스터리한 녀석_ 205

209 금이 도대체 뭐길래
211 달러의 시작은 '금의 힘'이었다
214 금을 버린 후 달러가 '금'이 되다
216 달러는 죽고 금은 산다고?
217 금에 투자하는 현명한 방법

15 자본, 판을 흔들다_ 221

224 시작엔 울트라 버블이 존재한다
226 "뭐? 미국이 부도를 냈다고?"
230 거대한 냉장고, 텃밭, 금, 권총 그리고 이웃

|에필로그| 자본의 함정에 빠지지 않기_ 234

01_ 시장은 '오야(おや)' 맘이다

자본은 알파와 오메가요, 시작과 끝이다.

▄그런데 이런 통찰을 할 때는 반드시 한 가지 중요한 변수를 염두에 두고 있어야 한다. 그것은 바로 설계자의 존재다. 누군가, 우리의 눈에 띄지 않는 어떤 세력이 자기 뜻대로 경제 흐름을 만들어 간다는 사실을 잊으면 안 된다.

01_ 시장은 '오야(おや)' 맘이다

자본은 알파와 오메가요, 시작과 끝이다.

미국 펜실베니아대학 경영대학원 와튼 스쿨을 졸업하고 월 스트리트로 뛰어들었던 마이클 밀켄(Michael Milken)은 주식과 채권 투자 모두를 잘하는 인물이었다. "타고났다"는 평가를 받으며 일찍부터 업계에서 인정을 받았다.

그러던 어느 날, 그는 투자에 관한 자신만의 비법을 정립하게 된다. 그는 그 깨달음을 곧 실전에 사용했고, 천문학적 액수의 돈을 벌었다. 그렇다면 밀켄이 깨달은 투자의 왕도는 과연 무엇이었을까? 무릎에서 사서 어깨에서 팔아라? 장기 투자를 하라? 가치 투자가 최고다? 아니었다. 밀켄의 투자 성공 비법은 바로 '내부자 정보 거래'였다. 극소수 내부자만이 알고 있는 정보를 미리 빼낸 후 먼저 투자를 하는 것이다. 그야말로 짜고 치는 고스톱이다. 그렇게 밀켄은 승승장구했고, '정크 본드의 황제'라는 칭호까지도 얻었다.

하지만 이 또한 완벽한 투자의 왕도는 아니었다. 결국 금융당국과 검찰에 꼬리를 잡혔으니까. 1990년 밀켄은 내부자 거래 혐의로 엄청난 벌금과 10년 징역형을 받았고 그렇게 쓸쓸히 사라졌다. 그리고 그의 치열했던 업적(?)은 이후 할리우드 영화「월 스트리트」를 통해 또 한 번 세간의 관심을 받았다.

사람들은 궁금했었다고 한다. 그렇게 똑똑하고 성격 좋고 능력 많던 마이클 밀켄이 왜 내부자 정보에 집중했는지 말이다. 하지만 이건 역설적으로 우리에게 심오한 메시지를 전해 준다. 내부자 정보를 통한 매매 외에는 시장에서 '완전한 승리'를 거두는 방법은 없다는 사실 말이다.

현대 사회를 살아가는 사람들은 대부분 숨 가쁘게 돌아가는 경제 환경 속에 놓여 있다. 경제 상황을 살펴보는 것은 자연스러운 일이며, 이때의 통찰을 바탕으로 행동에 나선다. 주식이나 채권을 사고, 부동산에 투자하고, 금을 사 모은다. 또는 저축이나 절약을 한다. 경제의 흐름을 파악한 후 미래에 대비하는 당연한 과정이라 할 수 있다.

그런데 이런 통찰을 할 때는 반드시 한 가지 중요한 변수를 염두에 두고 있어야 한다. 그것은 바로 설계자의 존재다. 누군가, 우리의 눈에 띄지 않는 어떤 세력이 자기 뜻대로 경제 흐름을 만들어 간다는 사실을 잊으면 안 된다.

어떤 사람들은 이 '설계자'를 '시장'으로 파악한다. 그리고 "시장은 항상 옳다"라든가 "시장은 절대선" "시장에는 맞서지 말라"라는 이야기를 한다.

하지만 나는 이런 식의 '시장 평계'를 인정하지 않는다. 왜냐하면 이 시장을 인위적으로 좌지우지하는 진짜 힘이 있기 때문이다. 속칭 '오야'가 실존하고 있으며 시장은 이 오야가 원하는 대로 움직인다. 그렇다면 이때 오야는 과연 누구인가. 그렇다. 자본이다. 좀 더 정확히 말하면 자본이라는 피라미드의 마지막 정점에 위치한 자본 중의 자본이다.

우리는 매순간 이 오야의 존재를 인식하고 시장과 경제를 바라봐야 한다. 그들이 진정 무엇을 원하는지를 매번 진지하게 고민하는 과정이 반드시 필요하다. 이런 연습을 반복하면 어느 순간 우리의 통찰 스펙트럼은 굉장히 넓어져 있을 것이다. 특히, 이 단계에 도달하면 최소한 자본이 꾸민 치명적인 흉계는 피할 수 있게 된다.

내가 직접 마이클 밀켄과 대화를 해 본 건 아니지만 그 역시 이런 상황이 많이 역겨웠을 것이다. 그래서 그 자신도 한번 오야 흉내를 내면서 판을 주무르고 싶었던 것 같다. 하지만 그는 실패했다. 어쩌면 당연한 결과다. 왜냐고? 그는 진짜 자본이 아니었으니까.

"이번 판 누가 설계했어? 정말 징하다."

지난 2011년 6~8월은 국내 선물옵션 파생시장에서 길이길이 기억될 시기였다. 피비린내가 진동했고, 상당수 실력파들이 회복할 수 없는 내상을 입고 사라졌다. 차트를 정말 잘 본다는 특A급 기술적 분석 차

티스트들도 비슷한 처지였다. 썩은 미소를 머금은 채 조용히 시장을 떠났다.

시작은 5월 말에 재부각된 유럽 재정위기 문제였다. 이미 1차 구제금융을 받은 그리스가 알고 봤더니 채권원금은 물론이고 이자 낼 돈도 없는 개털이란 것이 알려졌다. 이어 그리스에 추가 구제금융자금을 투입할지 말지를 놓고 논쟁이 붙었고, 그냥 디폴트(파산)로 가게 내버려 두자는 의견도 나왔다. 이 과정을 거치며 시장은 조금씩 하락했다. 그리고 이후 본격적인 '쇼'가 펼쳐지기 시작했다.

먼저 그리스 내부에서 의회 투표가 등장했다. 그리스 스스로 허리띠를 졸라매고 각종 국유재산을 팔아 빚을 갚을지 아니면 그냥 배째라로 나갈지를 투표로 결정한다는 거였다. 이 쇼는 전 세계 투자자들을 자연스럽게 투기꾼으로 만들어 버렸다. 당시에는 판이 그렇게 흘러갔다. 모 아니면 도의 게임 패턴으로 말이다. 빚 갚자는 쪽의 결과가 나오면 증시는 오르고, 파산하자고 하면 시장은 급락할 것이란 프레임이 짜졌다.

그렇다면 결과는 어땠을까? 긍정적이었다. 당시 그리스 국회의원들은 긴축안을 통과시켰고 주가는 급등했다. '오른다'에 베팅한 사람들이 먼저 크게 먹었다.

하지만 이게 끝이 아니었다. 이번엔 느닷없이 S&P, 무디스, 피치 등 국제신용평가사들이 쇼의 2막에 등장했다. 신용평가사들의 '입'은 정말 무섭다. 가령 어떤 국가가 파산한다고 했을 때 대통령이 나와 "디폴트를 선언합니다"라고 말하는 게 아니다. 바로 이들이 해당국 국채에 디폴트 등급을 매기면 그것이 바로 파산이 돼 버린다.

이들 신용평가사들은 그리스가 진짜 돈을 갚을 수 있는지에 주목했다. 그리스가 약속대로 빚을 갚아야지, 채권자들이 만기를 연장해 준다거나 빚 갚기 편하도록 일정 부분 빚을 탕감해 준다면 이것도 디폴트로 간주하겠다는 입장을 밝혔다. 잠깐 상승했던 증시가 이번엔 급락했다. '내린다'에 베팅하는 사람들의 수가 급증했다.

이렇게 그리스를 두고 옥신각신하고 있을 때, 사태는 갑자기 제3막으로 넘어갔다. '어디선가(?)' 그리스뿐 아니라 EU(유럽연합)의 3대 경제 규모 국가인 이탈리아도 구제금융을 받아야 한다는 이야기가 나온 것이다. 누가 봐도 추가 하락이 확실했다. 당시 2000포인트 선에서 움직이던 코스피 지수가 1900선은 물론 1800선까지 떨어져도 할 말 없는 상황이었다. 하락에 걸었던 사람들은 신이 났다.

그러나 상황은 좀 이상하게 흘러갔다. 시장은 의외로 튼실하게 버텨냈던 것이다. 물론 하루는 빠지고 다음 날은 오르는 롤러코스터를 탔지만 진폭이 달랐다. 빠질 때는 상대적으로 덜 빠졌으며, 반면 별것도 아닌 뉴스에는 급반등했다.

그리고 이를 반복하던 어느 날 시장은 냅다 상승 쪽으로 내달렸다. 악재가 하나도 해결되지 않았는데 코스피는 2000선이 붕괴되기는커녕 2100을 훌쩍 넘어 2200선 턱밑까지 상승했다. 하락에 배팅했던 사람들의 손실은 눈덩이처럼 불어갔다.

주식시장도 마찬가지였지만 하루에 수백 퍼센트가 급등락하는 파생시장은 진짜 힘들었다. 선물옵션은 변동성이 클수록 좋다지만 이번엔 도가 지나쳐도 한참을 지나쳤다. 특히 언젠가부터는 나쁜 소식에 증시가 오르고, 분명히 누가 봐도 좋은 결과인데도 시장은 하락하는

'제멋대로' 장세가 연출됐다. 말 그대로 오야 맘이었다. 그런데 더 재미있는 것은 투자자들이 마치 중독성 높은 마약이라도 맞은 것처럼 여기에 더 몰입해 갔다는 거였다.

하지만 이때 현실에선 개인 파산이 속출했다. 자칫 한순간 이성을 잃고 — 인간이라면 이성을 잃을 수밖에 없는 상황이기도 했다 — 상승 또는 하락 등 한쪽으로 포지션을 잡을 경우 그대로 나락으로 떨어졌다. "악" 소리 한 번 내보지 못한 채 다수의 투자자들은 모든 것을 날렸고, 수많은 실력자들이 시장을 떠났다. 그러면서 다들 이렇게 말했다. "젠장, 진짜 궁금하네. 누가 이번 판을 설계했는지, 정말 징하다."

그렇게 7월은 지나고 있었다. 하지만 쇼는 여기서 끝난 게 아니었다. 2011년 8월 1일, 쇼의 4막이 시작됐다. 3개월 넘게 끌던 이번 쇼의 하이라이트였다. 이번엔 미국이었다. 지금 와서 느끼는 거지만 당시 오야의 의중은 결국 미국을 향하고 있었던 것이다.

우리 모두가 유럽을 쳐다보고 있는 사이, 느닷없이 70여 년 만에 최초로 세계 패권국인 미국의 신용등급이 강등되는 초유의 사태가 터져 버렸다. 세상에서 가장 안전하다는 미국 국채는 더 이상 '트리플 A 등급(AAA)'이 아니었다. 이미 'AA+'로 떨어졌고 상황에 따라 'AA'로 또 추락할 가능성도 높다는 논평이 이어졌다.

세계 주가가 단기간, 한 방향으로 곤두박질쳤다. 2200선을 눈앞에 두었던 코스피는 1650까지 폭락했다. 시장 평균이 25%가 하락했으니 개별 종목은 반 토막이 속출했다. 패닉이었다. 여기저기서 곡소리가 들렸다. 자살이라는 안타까운 소식도 더해졌다.

하지만 바로 이때, 뜻밖의 소식이 모든 신문의 경제면 톱을 장식했다.

정말 아무것도 모르는 한 여직원이 선배의 권유로 7월 말에 풋옵션 1,700만 원어치를 샀는데, 주가 폭락에 따라 13억 원을 벌었다는 뉴스였다. 날고 긴다 하는 실력자들이 무차별 학살당하던 그때 웃는 사람은 '파생'의 '파' 자도 모르는 아마추어였던 것이다. 오야의 뜻이었다.

인정하자. 시장은 전지전능한 오야 맘대로 움직인다. 모든 판은 '그분'이 설계했고, 결과 역시 '그분'이 최종 승인한다.

왜 똑같은 재료에 어느 때는 하락하고, 어느 때는 상승할까

자, 가령 자본주의 시장경제에서 국제유가의 움직임에 대해 통찰한다고 해 보자. 먼저 국제원유 수급을 확인해야 할 것이고, 세계 경기를 살펴봐야 한다. 호황기엔 공장이 잘 돌아가니까 석유가 많이 필요해 유가가 오르고, 불황기엔 그 반대다.

세부적으로 들어가 보면 중국 경제 상황을 정교하게 체크해야 한다. '세계의 공장' 중국이 어떤 상태인지를 알면 유가 통찰에 큰 도움이 된다. 여기에 계절적 변수도 더하면 좋다. 이번 겨울에 100년 만에 한파가 찾아온다면 난방 수요가 커져 유가는 오를 것이다.

이뿐만이 아니다. 좀 더 뛰어난 실력자라면 세계 유전이 집중돼 있는 중동의 지정학적 상황을 눈여겨봐야 한다. 이스라엘과 이란의 상황은 어떤지, 미국은 중동(정책)에 대해 어떤 입장을 견지하고 있는지 확인해야 한다. 만약 중동 화약고가 일촉즉발의 상태라면 당연히 유가 상승 쪽에 비중을 높게 둬야 한다.

그러나 이 모든 것이, 이런 정교한 분석과 과거 경험에 따른 통찰이, 한순간 물거품이 될 수도 있다. 어느 날 밤 뜬금없이 국제에너지기구(IEA)가 "(이런저런 이유로) 전략 비축유를 무제한 방출할 것"이라는 성명을 발표해 버리는 상황이다. 물량이 쏟아져 나오니 이때 유가는 당연히 급락한다. 하지만 왜 이 시점에 비축유를 방출하느냐고 따져 봐야 아무 소용이 없다. "시장에 맞서지 말라!"는 식의 자위만 할 따름이다.

심지어 우린 거의 똑같은 재료인데도 불구하고 어느 때는 호재로, 어느 때는 악재로 사용하는 걸 자주 본다. 똑같은 경제지표인데 언제는 긍정적인 증거로 활용되고, 또 언제는 나쁜 일의 전조로 취급받는다. 가령 벤 버냉키 미국 FRB(연방제도준비이사회) 의장이 "달러를 더 왕창 시장에 풀겠다"고 말했다고 해 보자. 이 순간 주식시장은 올라야 하는가, 아니면 내려야 하는가. 분명 80~90% 확률로는 오르는 쪽이다. 그러나 확신할 수는 없다. 오야 맘이기 때문이다. "돈을 왕창 풀 정도로 경제가 나쁘다"는 해석과 함께 주가를 하락시키면 그만이다. 그분이 호재로 사용하면 호재가 되고, 악재로 사용하면 악재가 되는 것이다.

만약 그리스나 이탈리아, 스페인이 최종 파산하고 유로존은 붕괴돼 다시 개별 국가로 쪼개진다고 해 보자. 분명 최악이다. 악재 중 이런 악재가 없다. 그럼 이제 전 재산을 털어 시장이 하락할 때 돈을 버는 풋옵션을 매수해야 할까? 천만의 말씀이다. 이 순간 오야가 "드디어

불확실성이 해소됐다"라든가 "오히려 잘된 것"이라며 긍정적 분위기를 만들면 시장은 정상적인 논리를 깨고 급등할 것이기 때문이다.

특히 재미있는 건 오야의 이런 '돌발적 행동'에 의미를 부여하고 경제적인 이유를 달아 정당화시키는 집단이 자본주의 시스템 내에 항상 존재한다는 사실이다. 가령 일반적으로 금값이 급등했다면 달러화 약세 때문이라고 해석한다. 그런데 이번엔 금값도 오르고 달러화도 강세가 되는 상황이 나왔다. 그러면 이때 누군가는 "안전자산 선호현상이 강화돼 금과 달러 모두 인기가 높다"라고 설명해 준다. 반면에 금값이 내렸는데 달러화도 약세로 돌아선다면? 그렇다. 이번에도 역시 별의별 논리를 다 대면서 상황을 해석해 주는 전문가들의 리포트가 나오고야 말 것이다.

자본은 알파와 오메가, 시작과 끝이다

자본 피라미드의 정점에 존재하는 오야는 시작과 끝을, 사건의 양극단을 모두 손에 쥐고 있다. 오야는 최후의 순간까지 상승이든 하락이든 그 어느 쪽 편도 들지 않는다. 그 어느 것도 믿지 않는다. 양쪽 모두에 베팅을 해둔 채 막판까지 기다리고 있을 뿐이다.

예를 들어 2013년에 미국이 디폴트를 선언해 파산한다고 해 보자. 아니면 정반대로 파산을 하루 앞두고 극적으로 힘을 내 과거의 초강대국 미국으로 돌아왔다고 해 보자. 오야는 어떤 시나리오를 더 좋아할까? 전자일까? 아니면 후자? 그런 거 없다. 이것도 저것도 다 좋다. 어느 쪽으로든 오야는 돈을 번다.

대선을 앞두고 여당과 야당 후보 모두에게 자금을 지원하는 대기업 회장을 생각하면 더 쉽게 이해될 것 같다. 이 대기업 회장에게는 누가 대통령이 되든 상관이 없다. 어떤 결과가 나와도 자기는 차기 정부에서 5년 동안 마음 편히 경영할 수 있다.

이건 소위 '알파와 오메가' 테크닉이라고 불린다. 시작과 끝, 알파와 오메가를 모두 손에 쥐고 판을 흔드는 방법이다. 아군도 내 편이요, 적군도 내 편이다. 무엇보다 이렇게 하면 아무것도 두렵지 않다. 자신이 양극단을 모두 갖고 있기에, 문제를 일으킨 장본인이자 마지막 해결을 할 종결자이기에, 세상을 창조하고 멸망시킬 수 있는 조물주와 같기에 그렇다.

"그럼 자본에 대한 통찰이 왜 필요해요? 다 오야 맘이라면 그냥 당하는 수밖에 없잖아요?"

당연한 지적이다. 하지만 내가 하고 싶은 말은 이 오야의 마음까지도 자신의 통찰 분석에 포함시키라는 것이다. 그렇게 하면 통찰 스펙트럼은 더 넓어지고 공고해진다.

이런 훈련은 작은 데서부터 시작하면 된다. 어떤 상황에 대해 "최종적으로 이득을 보는 건 누구인가?"라는 물음을 끊임없이 던지는 것이다. 또 "혹시 몸통 뒤에 숨어 있는 그림자 세력은 없나?"라는 생각도 늘 갖고 있어야 한다. 이것은 비단 경제 통찰에만 적용되는 것이 아니다. 이런 사고 패턴은 일상생활에도 용이하게 사용할 수 있다.

가령 A와 B가 피 터지게 싸운다고 했을 때 우린 A든 B든 이 싸움에서 이긴 사람이 승자가 될 것이라고 생각한다. 하지만 한 걸음 더 나아가야 한다. 혹시 이 둘의 싸움을 부추겼던 C가 있지는 않았는지, 그리고 C는 누가 이기든 간에 자기 몫을 챙기는 건 아닌지, 그렇다면 C는 도대체 무엇을 챙기는지, 그리고 최종 승자는 앞으로 C와 어떤 관계를 맺게 되는지…….

이런 식으로 하나씩 따져 들어가야 한다. 어렵지 않다. 일종의 패턴이다. 이런 사고 훈련, 통찰 연습이 습관화되면 어느 순간부터 자연스럽게 자신의 통찰에 매번 '오야'라는 변수를 넣을 수 있다.

노예가 되거나 아니면 떠나거나

"시장을 예측하지 말고, 대응하라"

지구상에 현존하는 최고의 투자 격언이다. 그런데 이때 '시장'이란 단어를 '오야'로 바꾸면 더 유용하다. 혹시 여러분 중에 꽤 열심히 투자를 해 본 적이 있다면 이 엄청난 능력을 소유한 오야의 존재를 이미 체험했을 수도 있다. 그렇다면 더 잘 알고 있을 것이다. 오야의 생각을 '감히' '무엄하게도' 예측하고, 그리고 그 예측을 바탕으로 매매에 임했다가는 수천 만 원 날리는 건 예사란 사실을 말이다(예측과 통찰은 다르다).

과거 선물옵션 투자에 처음 입문했을 때 한 선배는 내게 이런 말을 전했다.

"눈에 넣어도 아프지 않은 내 아들을 죽인 살인자가 있었어. 그런데 말이야, 알고 보니까 이 살인자는 죽은 내 아들을 살릴 수 있는 능력을 가진 유일한 녀석이었던 거야. 그래서 이놈은 하루에도 수백 명씩 사람을 죽이고 다니지만 처벌은커녕 온갖 호사를 누리고 있어. 여기저기서 내 아들 살려 달라고 부모들이 줄을 서니까. 사람을 죽이는 살인자는 그리 무섭지 않아. 반대로 사람을 살리는 능력만 갖고 있어도 완전한 건 아니야. 하지만 자기 원하는 대로 죽일 수도, 살릴 수도 있다면 그는 최고가 되는 거야. 철진아, 투자를 하면 매일매일 이런 사악하고, 잔인하고, 그러면서도 한 치의 오류도 범하지 않는 오야를 상대해야만 한다. 할 수 있겠냐?"

자, 그렇다면 이런 완벽한 힘을 자랑하는 오야가 움직이는 시장에서 우리가 할 수 있는 대응은 어떤 것일까. 크게 두 가지다. 노예가 되든지, 아니면 아예 눈길 한 번 주지 않고 판을 떠나는 방법이다.

주위를 둘러보면 알겠지만 주식으로 돈 좀 벌었다고 하는 사람은 대부분 겸손한 사람들이다. 아예 '노예근성이 있는 사람들이 투자를 잘한다'는 말까지 나올 정도다. 그냥 시장이 오르면 "고맙습니다" 하고 따라가고, 반대로 시장이 하락 쪽으로 방향을 틀면 "제가 잘못했습니다" 하고 손절매를 한 후 빠져나와 근신하는 스타일이 결국 돈을 버는 것이다.

자기비하는 금물이라지만 투자를 할 때는 "나는 못난 놈이다"라고 인정하는 자세가 훨씬 더 효과적이다. 실제로 '네가 이기나 내가 이기나 한번 붙어 보자'고 덤벼드는 성격을 가진 사람이나, 당구·바둑·포커 등에 능숙한 승부사들은 주식에서 최소 수억 원씩 날리고야 만다.

주식으로 돈 버는 방법에는 역설적이지만 아예 투자를 하지 않는 것도 있다. 주위에서 온갖 대박 경험담을 들려 줘도 그냥 "부럽습니다" 하고 자신은 일찍 집에 들어가 가족과 단란하게 지내는 자세다. 생각해 보라. 돈을 잃지(뺏기지) 않는 것도 결국 돈을 버는 것 아닌가.

다시 말하자면 시장을 상대하는 방법은 딱 두 가지뿐이다. 그냥 조용히 오야 뒤만 졸졸 따라가든지, 아니면 아예 판에 들어가지 않는 것이다.

한 가지 더. 지금 이 순간에도 수많은 사람들이 '대박'의 꿈을 꾸며 전업 트레이더가 되겠다고 열심히 공부하고 있다. 반면 수백 만 원, 수천 만 원, 수억 원을 날리고 골방에 틀어박혀 눈물을 흘리고 있는 경우도 상당할 것이다.

과거에 비슷한 경험을 했고, 그럼에도 불구하고 멀쩡하게 살아가는 내가 조심스럽게 한마디 하자면 투자는 항상 0원에서 시작해야 한다는 것이다. 본전 생각하지 말라는 것이다. 수천 만 원을 벌었어도 현재의 매매는 0원에서 시작하고, 이미 수억 원을 잃었어도 0원에서 새롭게 시작해야 한다. 그래야만 운 좋게 번 돈을 날리지 않을 수 있고, 잃은 돈을 절반이라도 만회할 수 있다. 과거의 수익과 손실에 현재 매매를 연계시키면 절대 안 된다. 돈 벌었다고 여유를 부리거나, 돈 잃고 본전 찾겠다고 흥분해서도 안 된다.

만약 이게 잘 안 된다면 수억을 날렸어도 당장 판을 떠나야 한다. 원금을 회복한다고 전전긍긍하지 말고 해운대 해수욕장으로 달려가 실컷 놀아라. 어쩌면 이것이 진짜 승리일 수도 있다. 어서 빨리 선악과를 따먹어 보라는 오야의 유혹을 당당히 극복했으니까 말이다.

02_ 대박은 쪽박의 꼬리를 문다

자본주의 시스템은 극단적인 호황과 불황이라는
주기를 통해 더욱 견고해진다.

■그렇다면 자본은 왜 이런 주기를 만드는 것일까. 자본주의 시스템에는 대체 왜 이런 주기가 필요한 것일까. 그것은 자본에게 있어 '주기'는 자신의 독점적이면서 완벽한 승리를 위한 핵심 수단이기 때문이다.

02_ 대박은 쪽박의 꼬리를 문다

자본주의 시스템은 극단적인 호황과 불황이라는
주기를 통해 더욱 견고해진다.

"주가 폭락이 두렵나? 주가 폭락 때문에 투자가 망설여진다면 먼저 지금 말도 안 되는 호황 속에 살고 있는지 확인해 보게. 호황이 아니라면 걱정할 필요는 없다네. 호황이 앞서지 않은 주가 폭락은 없고, 폭락으로 끝나지 않는 호황은 없으니까."

헝가리의 전설적인 개인 전업투자자 앙드레 코스톨라니의 말이다. 얼핏 선문답 같기도 하다. 하지만 이 짧은 가르침 속에는 주식을, 경제를, 세상을, 나아가 자본주의 시스템을 읽어 내는 중요한 문법이 숨어 있다. 난 이것을 일명 '울트라 버블과 슈퍼 공황'이라고 명명하고 싶다.

주가 폭락의 전제는 실은 주가 폭등이다. 생각해 보라. 주가는 항상 비정상적으로 올랐을 때만 '폭락'할 수 있다. 폭등이 없다면 폭락도 없는 것이다. 반면 폭등은 그 순간 폭락의 전조가 되기도 한다.

가령 현재 주가가 폭등 양상을 보이고 있다고 해보자. 보통 이런 때엔 이런 상황이 천년만년 계속될 것 같다. 하지만 과거 역사상 단 한 번도 이런 적은 없었다. 주가가 쭉쭉 치솟고 있다는 건, 그 자체로 이미 그만한 크기의 폭락을 예견하고 있다.

경제는, 마치 우리네 인생이 그런 것처럼, 주기(cycle)를 갖는다. 호황이 오면 불황이 오고, 지금이 극심한 불황이라면 이 순간 실은 호황이 예약돼 있다고 보면 된다. 어떤 면에서 경제 통찰력은 바로 이 주기를 읽어 내는 능력이라고 해도 과언이 아니다.

한걸음 더 나아가 투자도 마찬가지다. 이 주기를 잘 읽어 내면 성공적인 투자를 할 수 있다. 호황엔 투자를 하고, 불황이 오기 전 모든 투자를 접고 현금을 확보하는 방식이다.

경제가 어려워질 때마다 언론에서는 종종 과거 1930년대의 대공황 등을 언급한다. 하지만 무턱대고 걱정할 필요는 없다. 이런 대공황이 오려면 필연적으로 현재 말도 안 되는 버블(거품)이 껴 있어야 하기 때문이다. 즉, 슈퍼 공황은 먼저 울트라 버블이 있어야만 완성된다. 따라서 현 상황이 버블 없이 그냥저냥 경기 부진 정도라면 '다행히도(?)' 슈퍼 공황 같은 생존이 위협받는 경제 위기는 찾아오지 않을 것이다.

지하 1층, 지하 2층, 지하 3층 그리고……

봄날은 간다. 그렇다. 사람들은 봄날이 간다고 하지 결코 온다고 하지 않는다. 노래에서도 그런다. 봄날은 오지 않고 항상 가기만 한다. 이에 대해 어떤 이는 봄날의 순간성에 초점을 맞춘다. 봄날이란 것은 "봄날이 완연하다"라고 느끼는 그 순간, 이미 지나가고 있다는 이야기다. 그래서 봄날은 항상 갈 수밖에 없는 것이란다.

이때 봄날이란 단어는 종종 사랑으로 바꿔 쓰이기도 한다. 비슷한 구조라 그렇다. 사랑 역시 오는 순간 이미 가는 것이니까. 아예 사랑을 시작했다는 말은 이미 사랑의 끝으로 가고 있다는 뜻도 된다. 비단 사랑뿐만이 아니다. 고통과 괴로움을 넣어도 말이 되고, 기쁨과 즐거움으로 바꿔도 이런 구조의 논리는 성립된다.

'끝의 시작(the Beginning of the end)'이란 말이 있다. 어떤 사건의 결말이 막 펼쳐지고 있는 모양새다. 그런데 이 '끝의 시작'이란 말은 항상 '시작의 끝(the End of the beginning)'이란 단어와 짝을 이룬다. 언어의 유희 같기도 하지만 끝의 시작은, 즉 결말의 시작은 그 자체로 이미 끝이 완성됐음을 의미한다. 그 시작의 끝이 도래했다는 뜻이다. 이것은 마치 봄날이 가는 것과 유사한데, 봄날이 오는 동시에 가는 것처럼 파국은 항상 시작이 되는 그 순간 이미 끝이 났다고 보면 된다.

조금 알쏭달쏭한 이야기일 수도 있지만, 이 개념은 정말로 중요하다. 무엇보다 자본주의 시스템을 이해하는 데 반드시 머릿속에 넣고 있어야 할 사안이다.

다시 '울트라 버블과 슈퍼 공황'으로 돌아가 보자. 울트라 버블은 슈퍼 공황이 있어야만 가능한 것이고, 슈퍼 공황이 찾아왔다면 그 순간 이미 울트라 버블은 예약돼 있다는 사실을 의미한다.

가령 지금 아파트 구입을 고민하는 사람이 있다고 해보자. 당연히 먼저 향후 부동산 시장의 움직임을 통찰해 봐야 한다. 다양한 논거와 분석 자료가 필요할 것이다. 주택 공급과 수요 예측, 대한민국 인구구조의 변화, 현 주택 가격의 적정성, 본인의 소득 현황 등등을 하나씩 따져봐야 한다.

하지만 이보다 앞서야 하는 건 '울트라 버블과 슈퍼 공황'식의 주기에 대한 통찰이다. 즉, 과연 지금이 진정한 부동산 시장의 바닥(저점)인지를 체크해야 한다는 이야기이다.

10억 원 하던 아파트가 8억 원으로 하락한 상태라고 하자. 하지만 이때 20%의 하락을 진정한 바닥이라고 확신할 수는 없다. 분명 많이 떨어졌지만 슈퍼 공황식의 진짜 바닥이 되려면 일명 '패닉(panic)'이 사회 전반에 확산돼야 한다. 즉, 집을 소유한 10명 중 8명 정도가 두려움에 벌벌 떨면서 반값에라도 팔고 싶어 안달하는 '패닉 셀링(panic selling)'이 나올 때야 비로소 바닥을 찍었다고 할 수 있다.

이처럼 고통이 극에 달해서 "아프다"는 말 자체를 할 수 없을 정도가 됐을 때야 비로소 불황의 정점을 찍고 바닥을 치는 것이다. 그렇지만 바로 이때는 곧 아파트 가격 상승의 시발점이 된다. 집은 바로 이때 사야 한다.

주식 투자를 예로 들어 보자. '주가에는 바닥이란 없다'라는 투자 격언을 들어 보았는가. 고점 대비 30% 정도 하락해서 이젠 바닥이겠거니 하고 들어갔는데 바닥은커녕 20% 더 떨어지며 '지하'로 떨어진다. 그럼 이 지하가 끝인가. 천만의 말씀이다. 다시 지하 1층, 지하 2층, 지하 3층 등이 시작된다. 완전히 나락으로 추락해 버리는 거다. 그래서 추세적 하락 국면에 "현 주가가 매우 싸 보이니까 지금 매수해도 괜찮다"는 주식전문가의 말은 믿어서는 안 된다. 흔히 "쌀 때 사라"는 건 확실한 추세 전환을 한 후 지하에서 바닥으로, 다시 1층으로, 최소한 2층까지 올라왔을 때 통용되는 말이다.

'주식투자를 비관해 자살하는 사람이 속출할 때가 바로 주식을 살 때'라는 말이 있다. 너무나 가슴 아프고 잔인한 말이지만 여기에도 앞서 말한 주기에 대한 통찰이 숨어 있다.

주가가 떨어지고 있다고 해 보자. 진짜 많이 하락했다. 그렇다면 지금이 과연 저점인가? 만약 이런 큰 폭의 하락에도 불구하고 적금 깨고, 주택담보대출 받고, 아예 집까지 팔아서 주식시장에 뛰어드는 사람들이 주위에 존재할 때는 절대 바닥이 될 수 없다.

반대로 주가가 올랐을 때도 마찬가지다. 100% 오르면 많이 오른 것인가? 200% 올랐으면 차익 실현을 해야 하는가? 그렇지 않다. 울트라 버블이 왔을 때에만 비로소 상승은 정점을 찍는다. 2007년 초가을 경제신문 사회면엔 「스님도 펀드 가입 나서」라는 기사가 실리면서 화제가 됐다. 이런 게 바로 정점이다. 스님이 펀드 투자를 한다는 게 나쁘다는 이야기가 아니다. 세상과 돈에 초연해야 할 사람들에게까지 보편화됐을 정도라면 그 '거품'의 크기를 통찰할 수 있어야 한다는 뜻이다(실제로 그 해 11월부터 증시는 대세 하락에 돌입했다).

자본은 왜 주기를 만드는가

그렇다면 자본은 왜 이런 주기를 만드는 것일까. 자본주의 시스템에는 대체 왜 이런 주기가 필요한 것일까. 그것은 자본에게 있어 '주기'는 자신의 독점적이면서 완벽한 승리를 위한 핵심 수단이기 때문이다.

자본은 자신의 절대적 위치를 지키기 위해서라도 반드시 가격이 오르고 내리는 등락이 있어야 한다. 기쁨과 슬픔이 교차하는 희로애락이 반드시 필요하다. 그래야 자본의 논리에 의해 돌아가는 시스템을 지탱할 수 있다.

예를 들어 1에서 100까지 한 단계 한 단계, 조금씩 조금씩 올라가는 호황(상승) 국면만 계속된다고 해 보자. 이렇게 되면 자본은 승리는 할 수 있겠지만 자본뿐만 아니라 다른 사람들도 함께 성공하고 승리하게 된다. 따라서 우리가 자본에게 영혼을 빼앗기고 노예로 전락하는 일은 벌어지지 않는다.

반면에 이번에는 100에서 1까지 지속적으로 떨어지는 불황만 이어진다고 해 보자. 자본은 우리보다는 상대적으로 나은 상황이겠지만 스스로도 상처를 입을 수밖에 없다. 아니, 어쩌면 절대적인 피해 규모는 우리보다 자본이 더 크다.

이번엔 이런 시나리오를 생각해 보자. 분명 1에서 100까지 올라가는 건 확실한데, 그러니까 나중에 결과를 보면 1에서 출발해 마지막 100을 찍은 게 확실한데, 그 과정에 엄청난 등락(진폭)과 주기를 만드는 상황이다. 1에서 50 정도까지는 잘 나가다가 50에서 20으로 하락하고, 이번엔 20에서 다시 70으로 '쭉' 올라가다가 다시 50으로 떨어지고, 이후 다시 50에서 90 정도까지 미친 듯 오르며 고지를 눈앞에 두다가 순간 70으로 내려앉아 버린다. 그런데 이런 자포자기 상황 속에서 어느 날 단 하루 만에 뛰어올라 순간 100을 찍어 버리는 식이다. 이렇게 되면 자본은 혼자만 판을 독식할 수 있다. 자신은 일단 1에서 100까지의 상승을 기본적으로 모두 얻을 수 있으며, 중간 중간 나타났던 상승과 하락에 참가했던 우리들의 자산마저 빼앗아 보너스로 챙길 수 있다.

도박판의 타짜를 생각하면 이해가 더 쉬울 것이다. 1시간 내내 모든 돈을 다 털어 가는 타짜는 없다. 50분간은 돈을 따지만 끝나기 10분 전쯤부터는 일부러 돈을 잃어 준다. 그래야 상대가 장롱 속에 넣어 둔 어머니 병원비를 들고 와 "1시간만 더 합시다"라고 덤벼들기 때문이다. 그럼 이번엔 40분 정도 무섭게 판을 싹쓸이하고 나머지 20분 정도는 선심 쓰듯 돈을 푼다. 이렇게 3시간, 5시간, 10시간이 흐르면 이제 타짜는 호구의 전 재산을 가로챌 수 있다.

호황과 불황이라는 경제 주기를 너무 냉소적으로 보는 것 아니냐고 반문할 수도 있다. 주기를 만드는 건 실은 우리 인간 자신이라고 주장할 수도 있다. 그렇지 않다. 자본주의 시스템에서 호황과 불황을, 가격의 상승과 하락을, 인플레이션과 디플레이션(또는 디프레션)을 만드는 건 자본 그 자신뿐이다. 우린 아무리 노력해도 코스피 0.001%도 자기 뜻대로 올리거나 내릴 수 없다. 하지만 자본은 다르다. 1%, 아니 10%도 상승시키거나 하락시키는 게 절대 어려운 일이 아니다.

재차 강조하지만, 자본에게 '주기'는 자신의 존재 의의이다. 등락이 없으면 자신의 힘은 약해진다. 이건 마치 신을 의지하는 우리 인간과도 비슷하다. 매번 기쁜 일만 있거나 아니면 매일매일이 고통의 연속이라면 도대체 누가 신을 찾겠는가.

뻔한 사기극에 빠지는 이유

지난 2007년 대한민국에는 엄청나게 많은 토지보상금이 풀렸다. 혹자는 20조 원이라고도 하고 또 누군가는 50조 원이라고도 한다. 원래 돈이라는 게 1조를 넘어가면 잘 와 닿지 않는다. 당시 인천 영종도에는 단일 지구 사상 최대 규모인 5조 원에 달하는 토지보상비가 풀렸다. 보상을 받은 땅 주인은 약 5,800여 명. 평당 보상금은 대지 160만 원, 전답 80만~90만 원, 임야 30만~35만 원 수준이었다. 이에 따라 많게는 100억 원 이상을 받은 사람도 있었다. 정말 대박 중 왕대박이었다.

하지만 이런 대박 이면에는 참 많은 이야기들이 숨어 있다. 여기 토지보상금으로 풀린 자금을 유치하기 위해 인천 운서동 '영종도 보상사업소'로 파견됐던 은행원 친구한테 들은 한편의 슬픈 이야기가 있다.

은영이네 가족은 그날 밤 가정예배를 드렸다. 분명 하나님의 축복이었다. 영종도에는 은영이네 큰삼촌이 먼저 터를 잡았다. 그리고 이어 동생인 은영이 아버지를 불렀다. 몇 년 후 오빠인 상혁이가 태어났고 이어 은영이가 태어났다. 4명의 단란한 가족이었다. 은영이 아빠는 열심히 농사를 짓고 자식 2명을 모두 대학에 보냈다. 상혁이는 90년대 초반 종금사에 다니면서 한때를 풍미했지만 이어터진 IMF 위기에 직장을 잃고 무려 10년간 백수생활을 하고 있었다. 96학번인 은영이는 증권사에서 계약직 직원으로 일하고 있었다.

2007년 1월 은영이네가 받은 보상금은 모두 46억 원이었다. 은영이 아버지는 외지인이 아닌 현 주민이었기에 보상채권이 아닌 전액 현금으로 보상을 받았다. 그날 밤 단란한 4명의 가족은 뜨거운 감사의 눈물을 흘렸다. 잘한 것도, 열심히 한 것도 없지만 그냥 하루하루를 만족하며 살아온 삶에 대한 하늘의 보답이라 생각했다.

"오빠 우리 46억 원 갖고 뭐할까? 이사 가자 강남 아파트로."

"이사 가면 당장 10억 넘게 깨질 텐데……. 좀 참고 제대로 된 사업을 생각해 보자."

"오빤 빨리 취직이나 해. 집 사고 나머지 돈은 내가 굴려 볼게. 요즘 펀드가 얼마나 좋은데. 이건 세금도 없어. 나한테 맡기셔."

이런 남매의 대화에 은영이 부모님 마음도 모처럼 뿌듯했다. 힘들게 살다 보니 이런 날도 있구나. 인생이라는 거 살아 볼 만하다는 생각도 했다.

그랜저를 샀다. 3,600만 원이란 돈, 그리 대단하지 않다는 생각이 들었다. 은영이가 다니는 증권 CMA 계좌에만 돈을 넣었을 뿐인데 하루에 76만 원씩 이자가 붙었다. 3월 초에 따사로운 봄 햇살이 나올 때쯤엔 친척들을 불러 잔치도 열었다. 은영이 오빠가 '상주 디벨로퍼 전무'라는 명함을 갖고 다니기 시작한 것도 아마 그 때쯤이었던 것 같다.

"오빠, 뭐야? 왜 돈 다 빼갔어? 엄마 아빠, 큰일 났어요."
은영이는 어느 날 계좌를 확인해 보고 난리를 쳤다. 뉴스에 나오는 사람들처럼 우리도 이렇게 문제가 생기는 거라고 생각하니 미칠 것만 같았다. 그런데 오빠 상혁이는 태연했다. 자신만만했다. 오빠의 설명은 이랬다.

지금 방배동 주택가 중 일부를 재개발하는데 약 300억 규모의 대공사란다. 그런데 그 프로젝트를 맡은 게 오빠의 회사고 자신도 40억을 넣어 10% 넘는 지분을 받았다고 했다.

"이 바보야. 오빠가 얼마나 힘들게 성공시켰는 줄 알아? 가만히 앉아서 4년만 기다리면 주상복합아파트가 생겨나. 아파트 1채가 아니라 몇십 채, 몇백 채야. 알기나 알아?"

다음날 은영이네 가족 모두는 그 개발 현장을 찾아갔다. 터파기 작업이 한창이었고 작업복을 입은 인부들도 많이 눈에 띄었다. 상혁이는 그곳의 개발소장이란 사람과 대화를 나누며 이것저것 지시하기도 했다. 그날 저녁 80억 원을 투자했다는 사람을 비롯한 지분투자자 5명도 만났다. 은영이 표현에 따르면 '한눈에 강남 사람'인 투자자들이었다. 그들의 여유로움과 세련됨, 능숙함에 은영이네 가족은 오히려 초라함을 느꼈다.

"오늘 보니까 우리 상혁이 참 멋지더라."
집으로 돌아오는 차 안에서 은영이 엄마가 입을 열었다.
"그럼, 상혁이도 옛날 종금사 다녔을 땐 얼마나 날렸어? 수십 층짜리 건물 짓는 사람들한테 대출해 주던 놈인데 얼마나 똑소리 나게 잘 했겠어?"

이번엔 은영이 아빠가 말했다. 아버지는 속으로 '10년 동안 상혁이 저 놈 얼마나 마음고생했는데' 하고 코끝이 찡해짐도 느꼈다.

그로부터 여름까지 상혁이는 4억 원을 더 가져갔다. 이번엔 '지분 참여'가 아닌 운영비로 사용되는, 속칭 '부채 참여'란 명목이었다. 8월 초엔 은영이한테까지 빌려 5천만 원을 더 챙겨갔다. 그렇게 뜨거웠던 여름은 지나갔다.

그 뒤론 뻔한 사기극 이야기가 이어진다. 은영이 오빠를 속인 사기꾼들은 영화 「범죄의 재구성」처럼 동남아 어디로 다 도망쳤다. 완전 사기였다. 사람 3명만 모여도 인간 하나 바보 만들기는 식은 죽 먹기인데, 50억 가까운 돈을 빼먹으려고 달려든 프로 사기꾼한테 은영이 오빠 한 명은 한마디로 '밥'이었다. 은영이 오빠가 부채 참여로 추가 투자한 돈도 2억 원에 달했다. 보상금이 남기는커녕 오히려 빚까지 지게 됐다.

그리고 그 해 가을 은영이네는 영종도를 떠났다고 한다. 그 후 마을엔 은영이가 술집 나간다더라, 은영이 엄마가 자살하려고 약을 먹었다, 오빠는 정신이 돌았다더라 하는 비극적 결말의 전형적인 소문도 돌았다. 물론 확인된 바는 없다. 아니 사실이 아니길 바란다.

어떻게 보면 익숙한 이야기이다. 하지만 이 또한 큰 틀에서 보면 '울트라 버블과 슈퍼 공황' 이야기와 비슷한 구조를 갖고 있다. 대박과 쪽박. 그렇다. 대박은 쪽박이 선행될 때 파급효과가 크다. 가령 이건희 회장에게는 평생 대박은 없을 것이다. 반면 쪽박 역시 대박이 있을 때만 쪽박이 된다. 대박이 선행되지 않는 쪽박은 그냥 단순한 손실에 불과할 뿐이다.

그런데 참 신기하게도 쪽박은 대박의 꼬리를 정확히 문다. 투자 대박도 마찬가지다. 5년간 꼬박꼬박 부은 은행 적금을 찾거나, 3년간 열심히 적립해 얻은 35%의 적립식 펀드 수익률은 뒤탈을 만들지 않는다. 하지만 선물옵션 투자로 하루아침에 30억을 벌었다는 사람에게서는 꼭 "그 돈 다 날리고, 또 내 돈까지……"라는 말이 들려온다.

두고두고 음미해 볼 만한 부분이다. 이런 게 바로 자본의 흉계이니까 말이다. 자본은 대박을 안겨 주는 동시에 우리 바로 다음 발걸음에 깊은 함정을 파놓는다. 그리고 이 함정에 빠져 버리는 순간 바로 자신의 노예로 만들어 버린다.

하지만 지금 이런 함정에 빠졌다고 모든 희망을 버릴 필요는 없다. 쪽박이 대박의 꼬리를 문다면 이 쪽박 뒤엔 반드시 다른 대박이 찾아올 것이기 때문이다. 이 사실을 기억한다면 지금 심장을 도려내는 듯한 고통도 어떻게든 버텨 낼 수 있을 것이다. 버티면, 살아남기만 한다면 승리는 자본이 아니라 우리의 것이 된다.

03_ 자본의 행보를 읽어라

자본의 다음 행보를 알고 싶은가?
그럼 금리 흐름을 읽어라.

▬ 자본주의 시스템은 좋은 거품과 나쁜 거품의 구별을 매우 힘들게 해 놓았다. 어느 쪽으로 결론이 날지 버블이 만들어지는 과정에서는 확신할 수 없다는 뜻이다.

03_ 자본의 행보를 읽어라

자본의 다음 행보를 알고 싶은가? 그럼 금리 흐름을 읽어라.

그간 후배들로부터 재테크와 관련해 가장 많이 받은 질문 한 가지를 꼽으라면 바로 이거다.

"재테크, 어떻게 하면 잘해요?"

너무 거대담론이라 처음엔 적잖이 당황도 했었지만 요즘엔 조금의 망설임 없이 이렇게 답한다.

"주기를 타라. 사이클만 제대로 타면 재테크는 끝나는 거야."

경제는 장사가 잘되고 월급도 올라 모두 풍요로운 호황과, 주식과 부동산이 폭락하고 실업률이 급증해 더는 못 살겠다는 탄식이 쏟아지는 불황을 함께 갖고 있다. 이런 경제(경기)의 호황과 불황의 기간을 합쳐 우린 '주기'라고 하는데, 혹자는 10년 정도의 주기를 말하기도 하고, 80년 이상의 긴 주기를 설명하는 학자도 있다. 또한 이 호황과 불황의 주기는 종종 인플레이션과 디플레이션의 반복으로 해석되기도 한다.

이건 앞서 말했던 것처럼 자본의 태생적 숙명 같은 것이다. 자본은 반드시 주기가 있어야만 존재 의미를 찾을 수 있기 때문이다. 따라서 만약 이 주기를 어느 정도 탈 수 있다면, 이건 곧 자본의 흐름과 궤를 같이할 수 있는 것이고, 그렇다면 엄청난 갑부가 되는 건 아니어도 '생존'이라는 측면에서는 괜찮은 결과를 얻을 수 있다.

그런데 실은 문제가 그렇게 간단한 건 아니다. 자본이 자기 뜻대로 만들어 가는 주기를 통찰한다는 것이 결코 쉽지 않기 때문이다. 게다가 이 사이클에 맞춰 돈을 굴린다는 건 더욱 힘든 일이다.

이에 대해 난 조심스럽게 '금리'라는 통찰 코드를 제시해 보려고 한다. 현실에서 펼쳐지는 통화당국의 금리(정책) 흐름을 보면서 경제주기를 인식해 보고, 한발 더 나아가 이 과정에서 자본이 꾸미고 있는 계략이 어떤 것인지 함께 통찰해 보자는 말이다. 금리는 자본주의 시스템의 '행동대장' 같은 녀석이기 때문이다.

FRB와 앙드레 코스톨라니

먼저 일반적인 경제 주기 흐름에 대해 살펴보자. 가령 이런 식이다. 경기가 바닥을 찍고, 서서히 봄바람이 불며 조금씩 나아지는 모습을 보이다가, 일정 시간이 흐르면 모든 경제 주체가 행복을 느끼는 호황이 찾아온다. 그리고 이 열기는 빠른 속도로 뜨거워지다 순간 우리가 버블(거품)이라고 부르는 짧은 극점이 온다.

이후엔 내리막길이다. 경기는 조금씩 위축되고 기업들의 실적이 부진하게 된다. 실업률이 증가하고 주식과 부동산, 원자재(상품) 등 자산 가격이 모두 하락하는 시기가 지속된다. 이어 하강속도가 빨라지면서 경제는 한순간 불황 속으로 깊숙하게 잠겨 버린다. 이렇게 되면 호황과 불황이라는 한 번의 사이클이 마무리된다. 물론 이후엔 더 이상 회복되지 않을 것 같던 경기가 살아나면서 다시 새로운 주기가 시작된다.

이번엔 이런 주기에 따른 대응법을 살펴보자. 먼저 경기가 바닥일 때는 현금이 최고다. 현금을 손에 쥐고 '생존'에 힘써야 하며, 앞으로 찾아올 경기 회복을 기다리며 기회를 엿보고 있어야 한다. 하지만 이때 진짜 포인트는 불황이 오기 전 각종 투자자산을 차익 실현해 현금화시켜야 한다는 데 있다. 반대로 호황일 때는 주식을 들고 있어야 한다. 이때 포인트 역시 호황의 정점에 주식을 사라는 게 아니다. 이 전에 미리 주식을 사 놓고 있어야 한다는 데 있다.

반면 호황의 극점에서는 주식을 어서 빨리 팔고, 이어 하락 초기 국면에는 채권 투자나 은행저축 상품으로 맞선다. 위기가 심화되고 자산 가격이 본격 폭락해 바닥을 치면 부동산에 관심을 가져 보는 게 좋다. 그리고 다시 경기가 회복하는 초기 국면엔 원유, 철광석 등과 같은 원자재 투자를 해 보면 나름 괜찮은 대응이 된다.

그런데 이건 어디까지나 이론적인 설명이다. 현실에선 도대체 지금이 호황인지, 불황인지, 회복기인지, 하강기인지를 알기가 쉽지 않기 때문이다. 마치 거대한 물결 속에 들어가 있어 밖에서는 이 물결이 어디로 흐르는지 알 수 있어도 정작 안에서는 파악하기가 어려운 상황과 같다.

예를 들어 많은 사람들이 지난 2001년 미국에서 9·11 테러가 터진 후 세계경제가 침체에 빠질 것이라 생각했지만 이때는 오히려 경기 회복기였고, 2008년 초 상당수 경제학자들은 경기가 튼실하다고 했지만 지나 보니 하강기의 전형이었다. 특히 매번 호황과 불황의 정점 부근 속도는 너무 빨라서 진입이든 탈출이든 대응하기가 무척 어려웠다.

그렇다면 경제 주기의 흐름을 조금 빨리 알아챌 수 있는 어떤 신호나 사인은 없을까? 이와 관련해 앙드레 코스톨라니의 의견을 소개하고자 한다. 앙드레 코스톨라니는 주식 투자 좀 한다는 개인들 사이에서 영웅 대접을 받는 인물인데, 그는 경제 주기 타이밍을 잡는 지표로 '금리'를 골랐다. 즉, 금리(정책)의 상승(인상)과 하락(인하)을 통해 현재 경기가 어떤 상태에 놓여 있는지 알 수 있다는 주장이다.

결론부터 말하면 그는 금리가 매우 낮은 상태인 경우가 불황이며, 이후 금리를 조금씩 인상해 가는 시기가 회복기, 금리가 최고조인 상황이 호황(또는 버블)의 정점, 그리고 이후 금리를 인하하기 시작한다면 경제는 꺾여 침체로 가고 있는 과정이라고 설명했다.

〈앙드레 코스톨라니의 달걀〉

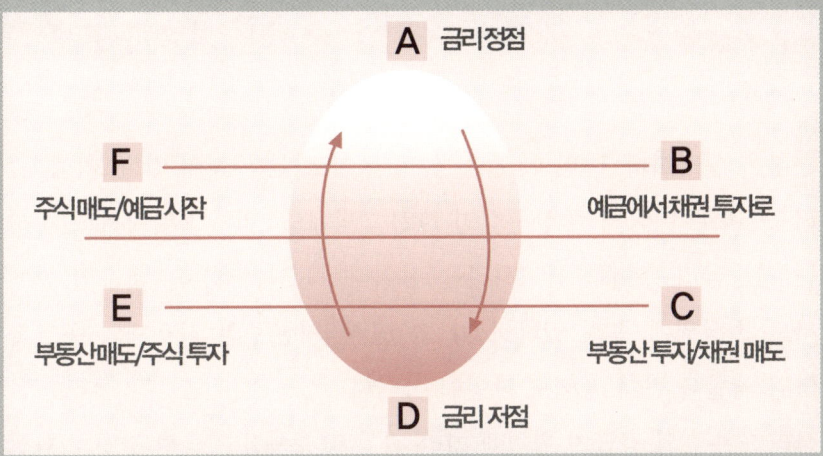

금리가 정점으로 향하는 F에서 A 구간을 보자. 이때는 당연히 돈을 은행 정기예금에 갖다 넣어야 한다. 누군가 원금 안 까먹고 연 8~10% 이자를 보장한다면 누가 뭐래도 예금을 선택해야 하기 때문이다.

하지만 금리가 떨어지기 시작하면(A~B 구간) 이제 채권의 매력이 돋보이기 시작한다. 채권 투자의 경우 채권 금리가 떨어질수록 채권 가격은 상승하기에 그렇다. 그런데 B에서 C까지 구간처럼 금리가 더 떨어지고 아예 금리가 바닥을 향해 움직이는 시기엔 조금씩 부동산에 관심을 가져 보는 게 좋다. 시중금리가 떨어지면 대출금리도 낮아져 자금 규모가 큰 부동산 투자가 용이해지는 상황이 연출되기도 한다. 하지만 일반적으로 C~D 구간에서는 절대적으로 현금을 손에 들고 있어야 한다.

한편, 금리가 저점을 찍고 다시 인상되는 초반인 D~E 구간에선 주식을 매수해야 한다. 그리고 금리가 서서히 E, F 구간을 지나 정점(A)을 향해 가면 부동산을 팔고,

> 주식 또한 서서히 차익 실현할 준비를 한다. 그리고 다시 은행 정기예금으로 눈을 돌려야 한다.

괜찮은 설명이다. 다만 한 가지 꼭 덧붙이고 싶은 것이 있다. 이때 '금리'는 바로 미국의 중앙은행인 FRB(연방제도준비이사회)에서 결정하는 기준금리 추이를 참고하라는 점이다. FRB는 자본의 하수인 중에서도 최상위에 속해 있다고 할 수 있다. 자본주의 시스템의 콘트롤 타워 역할을 한다고 해도 과언이 아니다.

금리가 수요와 공급의 원칙에 따라 결정된다는 건 지극히 장밋빛 환상이다. 이들의 통화정책은 경제적이라기보다 정치적이다. 잘 알다시피 세계의 리보금리나 국내 CD 금리가 몇 개 은행들의 의도대로 조작됐던 것으로 밝혀졌지 않은가. 자본을 호락호락하게 생각해선 안 된다.

굳이 이 자리에서 FRB가 몇 개 유태인 가문의 사적 소유라는 'FRB 음모론'을 말하고 싶지는 않지만, FRB는 미국 금리뿐 아니라 전 세계 금리를 조작할 수 있는 기관이다. 단적으로 말하면 FRB는 미국 금리를 올리고 내리면서 세계 기축통화인 달러화의 가치를 올렸다 내리는데 이는 엄밀히 말해 세계 각국의 금리와 세계 종이돈의 가치를 함께 결정하는 것이라고 해도 과언이 아니다.

미국이 금리를 인상(인하)하면 다른 국가는 이를 추종할 수밖에 없다. 가령 대한민국 혼자만 금리를 올리면 투기자본은 높은 금리를 먹기 위해 국내에 진입하고 이렇게 되면 원화에 대한 수요가 많아져 환율은 하락한다(원화 가치 강세). 그런데 원화 강세가 일정 기간 지속되면 자본은 환차익을 챙겨 떠나고 기업 실적은 악화돼 대한민국은 불황에 빠지게 된다.

반대로 우리만 금리를 인하할 수도 없다. 원화에 대한 인기가 떨어져 환율이 급등하면(원화 가치 약세) 언제든 외환보유고가 털릴 가능성이 상존하기 때문이다. 따라서 우린 항상 달러의 나라 미국의 눈치를, 더 정확히 말하면 미국의 중앙은행 FRB의 눈치를 봐야 한다.

가령 FRB에서 금리를 지속적으로 낮춘다는 건, 아니면 그런 신호를 어떤 방식으로든 보낸다는 건, 앞으로 종이돈 대신 실물의 가치를 높인다는 뜻을 암묵적으로 표현한 것이라 파악해야 한다. 양적완화를 통해 시중에 달러를 대량으로 풀면서 달러화의 가치를 낮춘다면 이는 향후 버블을 만들 테니 어서 빨리 투자를 하라는 사인으로 받아들여야 한다.

반면에 FRB에서 금리를 본격적으로 올리려 한다면, 이제부터는 종이돈의 가치를 높이겠다는 신호이다. 앞서 만들어진 버블의 크기만큼 불황이 찾아올 것이란 경고의 목소리이기도 하고, 투자를 멈추고 방어적인 포지션으로 전환하라는 뜻으로 받아들여야 한다.

금리 인상, 정말로 할 수 있을까

현재 시장의 최대 화두는 바로 '출구전략(exit strategy)'이다. 지난 2008년 말 세계금융위기를 맞아 미국을 위시한 세계 각국이 시중에 풀어 놓은 천문학적 액수 – 각국 정부조차 그 규모를 정확히 모른다 – 의 유동성을 어떻게 회수할까에 대한 고민이다. 앞뒤 가리지 않고 윤전기를 돌려 찍어 낸 수많은 '종이돈'들은 반드시 인플레이션이란 부메랑으로 돌아올 것이다. 그래서 각국 금융당국은 그간 쏟아 부은 유동성을 언젠가 거둬들여야 하고, 이 출구전략의 대표 수단이 금리 인상이다. 금리를 올려 시중의 돈을 다시 은행금고로 빨아들이겠다는 의도다.

출구전략은 증시의 최대 악재다. 왜냐하면 그간 엄청 풀렸던 유동성이 2008년 말 폭락했던 증시를 전 고점 대비 80% 혹은 그 이상까지 끌어올렸는데, 금리 인상이 단행된다면 이 자금은 단박에 증시 밖으로 탈출할 것이기 때문이다.

일각에선 금리 인상을 경제가 살아난다는 방증으로 해석하면서 증시에 호재일 수 있다고 한다. 맞다. 과거 경험상 타당한 해석이다. 하지만 이때는 금리 인상의 동기와 명분을 확인해 봐야 한다. 실질적인 경제성장이나 경기반등 때문이 아니라 막대한 인플레이션 같은 부작용을 막기 위한 출구전략(금리인상)이라면 이야기는 달라진다.

무엇보다 달러 캐리 트레이드(Dollar Carry Trade, 달러를 싼값에 빌려 이 돈으로 다른 투자자산을 매수하는 거래)의 붕괴가 가장 큰 걱정거리다. 현재 기준금리가 0%인 미국의 경우 이런 제로금리로 인해 각종 투자자들이 달러를 '무이자'로 빌린 후 이머징 마켓을 위시한 각종 투자자산에 유입시켰다. 그런데 순간 미국의 기준금리가 인상되면 투자자들은 그간 투자했던 자산을 팔고 달러를 챙겨 본국(미국)으로 회귀할 수밖에 없다.

이렇게 되면 세계 증시와 투자자산 시장은 또 한 번 급락할 것이 자명하다. 결국 현 시점에서 '금리 인상' 또는 '출구전략' 같은 단어는 투자자에게 엄청 신경 쓰이는 존재가 될 수밖에 없다.

최근 부동산 비관론자들은 희희낙락했다. 지방은 말할 것도 없고 신도시 아파트에서도 본격적인 가격 하락이 진행되었기 때문이다. 이런 집값 하락은 수도권을 뚫고 서울로 이어졌으며 여세를 몰아 강남까지 덮쳤다. 그런데 비관론자들이 더 즐거워하는 이유는 향후 등장할 초특급 한방, 바로 '금리 인상'이 남아 있다는 데서 찾을 수 있다. 실제로 금리 인상이 예상보다 빨리 찾아온다거나 그 인상폭이 크다면 부동산 시장은 엄청난 충격을 받게 될 것이다. 이처럼 출구전략과 금리 인상은 주식과 부동산 시장 모두에서 악재로 작용할 수밖에 없다.

그러나 우린 이 시점에서 한 걸음 더 나아가야 한다. 현재 돌아가고 있는 경제 및 정치 상황을 좀 더 정성적으로 바라봐야 한다는 이야기다.

이런 질문을 한번 던져 보겠다. 미국은 과연 경제가 좋아지고 있다는 뚜렷한 증거가 없는 상황에서 금리 인상을 단행할 수 있을까? 이뿐만이 아니다. 과연 유럽중앙은행(ECB)은 PIGS(포르투갈, 아일랜드, 그리스, 스페인) 국가는 말할 것도 없고 이탈리아, 나아가 프랑스까지 휘청대는 마당에 기준금리를 올릴 수 있을까? 중국은 어떤가. 경제성장률이 8%대는커녕 7%대까지 급락한 상황에서 금리를 올려 인플레이션을 잡겠다고 나설까? 과연 한국은 인플레이션 부담이 '공식적으로' 크지 않은 상황에서 굳이 금리 인상을 펼쳐 경기에 찬물을 끼얹을까? 가능성은 희박하다. 그 어떤 정치권도 금리 정책에 있어서는 절대 선제적 대응을 하지 않을 것이다. 게다가 아직 전 세계인의 뇌리 속에는 지난 2008년 말 세계금융위기에 대한 공포가 뚜렷하게 남아 있다. '더블 딥(Double Dip, 경기침체 후 잠시 회복기를 보이다가 다시 침체에 빠지는 이중침체 현상)'에 대한 두려움도 상존하고 있다. 그렇다면 향후 출구전략은 누가 봐도 경기가 뚜렷하게 회복기에 접어들었다는 확신이 들 때까지 최대한 미뤄질 수밖에 없다.

그럼 이때 우리는 어떻게 대응해야 할까? 부동산과 주식 투자는 방법이 서로 사뭇 다르다. 먼저 부동산 투자는 금리를 올릴 때까지 실탄을 비축하고 기다려야 하는 것이 맞다. 반면 주식의 경우는 금리를 올릴 때까지 최대한 많이 투자를 하며 따라붙어야 한다. 요약하면, 부동산 투자는 금리 인상이 이뤄진 후에 본격적으로 시작해야 하지만, 주식 투자는 그 전에 열심히 하다가 출구전략이라는 사인과 함께 탈출해야 한다는 말이다.

이것은 앞서 설명한 코스톨라니의 일반적 투자법과 분명 차이가 있다. 현 시점이 유래를 찾아볼 수 없을 정도로 증시와 부동산 시장을 인위적으로 붙잡고 있는 때이기 때문이다. 그래서 부동산은 이 '버블'이 깨진 후 투자해야 하며, 반면 주식은 버블이 최대한 커질 때까지 판에 머물러 있어야 한다.

주식 투자와 금리 메커니즘

특히 요즘처럼 돈만 푸는 상황이 지속되면 주식시장에서는 필연적으로 버블이 만들어질 수밖에 없다. 그래서 세계 각국이 모두 빚내서 뭔가를 해보려는 상황에서는 굳이 증시를 떠나서는 안 된다.

실제로 섣불리 금리를 올리지 못할 것을 눈치 챈 자본은 이미 먼저 진입을 했다. 이들은 우리가 공포에 떨며 물량을 모두 털어 낼 때마다 이를 가져간 후 느긋한 마음으로 기다리고 있다(아마도 자본은 앞으로 찾아올 울트라 버블 생성 시기에 자신의 물량을 다시 우리에게 떠넘기고 탈출할 것이다).

버블은 증시가 태생적으로 가장 좋아하는 서식 조건이다. 왜냐하면 인간은 거품 앞에서 모든 것을 잊어버리기 때문이다. '이번엔 절대로 속지 않을 거야!'라고 다짐해도 막상 거품이 만들어져 굴러가면 이후엔 '다들 하니까 나도 해보자'라거나 '이번엔 다를 거야' 같은 달콤한 최면에 빠져 버리고 만다. 모든 것을 망각하면 그 순간부터는 그 어떤 것도 두렵지 않게 된다. 심지어 금리를 올려도 일정 시점까지는 쉽사리 버블 붕괴에 대한 위험성을 인식하지 못하는 상황이 연출되기도 한다.

물론 거품이 나쁜 측면만 갖고 있는 것은 아니다. 솔직히 까놓고 말해 거품은 경기회복의 기폭제 역할도 많이 해왔다. 자신이 보유한 주식이 올라 기쁨에 취해 소비를 늘리고, 이 때문에 공장이 더 많이 돌아가고, 결국 수요와 공급 자체의 파이가 커지면서 경제의 엔진이 힘차게 돌아가는 식의 선순환도 분명 존재한다. 하지만 자본주의 시스템은 좋은 거품과 나쁜 거품의 구별을 매우 힘들게 해놓았다. 어느 쪽으로 결론이 날지 버블이 만들어지는 과정에서는 확신할 수 없다는 뜻이다.

따라서 주식 투자자들은 거품이 생성되는 과정에서, 아니 한발 더 앞서 금리 인상이 늦춰지고 저금리가 지속되면서 시중에 돈이 풀릴 때 공격적 투자에 나서야 한다. 여기저기서 경기 안 좋다, 경제 힘들다, 어렵다 등의 이야기가 나온다고 두려워할 필요는 없다. 이런 '하소연'의 이면에는 금리 인상이 최대한 늦춰지고, 심지어 금리 인하가 더 일어나고, 앞으로 더 많은 '종이돈'이 인쇄돼 우리네 생활이 투입되고, 인위적으로라도 거품을 만들 것임을 암시하기 때문이다.

오히려 최악은 더 지켜보다, 더 기다리고 기다리다 마지막으로 뒤늦게 뛰어들면서 자본이 털어 내는 물량을 덥석 무는 상황일 것이다. 이런 꼴을 당하지 않으려면 역설적으로 선진입해 연 20~30% 수익률을 먹고 바로 빠져나오는 전략을 구사해야 한다.

다시 한 번 말하지만 주식은 공포를 먹으면서 자라고, 그 정점은 극한의 버블로 완성된다. 그리고 이 버블이 터지면서 한 사이클이 끝나는 운명을 갖는다. 이처럼 자본은 주기를 연속적으로 돌리고 또 돌리면서 우리들의 재산을 쏙쏙 탈취해 자신들의 몸집을 불리고 권세를 더 키우면서 시스템을 유지해 왔다.

이런 상황에서 그들의 노예가 되지 않으려면 우리도 함께 판에 뛰어들어야 한다. 그리고 그들보다 먼저 튀어나와야 한다. 할 수 있다. 버블은 쉽게 파악하기 어렵겠지만, 울트라급 버블은 어떻게든 감지해 낼 수 있다. 경제는 다 죽어 가는데 코스피가 다시 2200, 2300을 찍는다면 이건 분명 잘못돼도 한참 잘못된 것이다.

마지막으로 금리와 증시, 그리고 버블의 관계에 있어 인플레이션이란 또 하나의 코드를 접목시켜 통찰해 볼 필요가 있다. 인플레이션 초기 국면은 아직 주식 판을 떠날 때가 아니다. 뉴스를 비롯해 이곳저곳에서 인플레이션에 대한 우려의 목소리가 나온다고 해서 '경제가 발목 잡힐지 모르니까 주식투자 관둬야지'라고 생각하면 안 된다. 이때는 오히려 공격적인 투자를 펼쳐야 한다.

물론 인플레이션의 극점은 경기가 꺾이는 변곡점이다. 하지만 이 정도가 되려면 최소한 당국에서 발표하는 소비자물가지수(CPI) 등과 같은 공식적인 인플레이션 수치가 8~10%는 나와야 한다. 따라서 이 전까지 인플레이션은 주식시장엔 보약이지 결코 독이 되지는 않을 것이다.

지금도 미국이 제로 금리를 유지하고 있고 국내 기준금리는 3%대를 넘지 못하고 있다면, 그런데 주식 투자를 고려하고 있다면, 하지만 너무 망설여진다면, 난 망설일 필요가 없다고 말하고 싶다.

그래도 우려가 된다면 일단 '금리'의 흐름을 지켜보라. 금리가 향후 더 떨어지는지, 멈추는지, 아니면 인상되는지를 보고 그 이유에 대해 곰곰이 생각해 보라. 이것만 봐도 주식 투자로 돈을 잃지는 않을 것이다. 무엇보다 이 금리라는 메커니즘에는 '자본님'의 의중이 가장 잘 담겨 있기 때문이다.

04_ 모든 환율은 조작이다

자본이 달러를 손에 넣었을 때부터
모든 환율은 조작, 그 이상도 이하도 아니다.

▬자본은 대체 어떤 능력을 갖고 있기에 환율을 마음대로
결정할 수 있는가. 결론부터 말하면 바로 달러를 자신의
수하로 삼았기 때문이다.

04_ 모든 환율은 조작이다

자본이 달러를 손에 넣었을 때부터
모든 환율은 조작, 그 이상도 이하도 아니다.

경마에 깊은 조예가 있거나, 또는 스트레스 해소용으로 경마장을 자주 찾는 사람이라면 '데끼리'라는 용어가 귀에 익숙할 것이다. 데끼리란 압도적으로 잘 달리는 말(속칭 '데깔마')이 출전해 승리를 올릴 수 있는 확률이 매우 높은 경주를 말한다. 승부가 이미 결정된 판이라는 이야기이다.

물론 이때 배당 규모는 미미한 수준으로 떨어진다. 그래도 사람들은 유명한 기수나 경주마가 출전하는 데끼리 판이 '메이드' 되면 부담 없이 베팅 금액을 올린다. 배당은 낮지만 거의 100% 승률을 바라볼 수 있기 때문이다.

그런데 자본의 입장에서 볼 때 대한민국은 일종의 데끼리로 취급받고 있다. 그들에게 있어 대한민국은 항상 그 어떤 국가보다도 확실한 '데깔마'로 평가받는다. 거칠게 말해 보면 어떤 상황에서도 우리나라에서는 빼먹을 만큼 빼먹고 떠날 수 있다고 자신한다는 것이다.
왜일까? 도대체 무엇이 대한민국 자산시장을 그들에게 데끼리로 만든 것일까? 왜 자본은 우리나라에서 항상 해먹을 수 있다고 자신하는 것일까? 이미 눈치챘을 수도 있겠지만 그것은 바로 '환율'과 '환차익' 때문이다. 그렇다. 환율은 앞서 설명한 금리와 함께 '자본님'을 지키는 또 하나의 특급 행동대장이다.

환율 변동 2년 후를 주목하라

혹자는 대한민국 경제를 '환율의 종속물'이라고 표현한다. 사실이다. 초등학교 시절부터 배운 것처럼 천연자원이 부족한 대한민국은 수출로 먹고 살 수밖에 없는데 이때 생산한 제품의 수출 가격은 전적으로 환율에 영향을 받게 된다.

사이클은 대략 이렇다. 1달러당 1,400원 하는 고환율 시기엔 서민들은 힘들지만 대기업들은 가격 경쟁력을 바탕으로 수출에 박차를 가한다. 이렇게 일정 시간이 흐르면 대기업들의 순익을 바탕으로 국내 경기가 풀리고, 어느 순간부터 벌어들인 외화 때문에 원화가 서서히 강세로 전환하면서 대한민국 경제는 활황을 보인다. 대중들도 숨통이 트인다. 수출로 벌어들인 돈이 시중에 도는 데다 원화 가치도 강해져 수입물가가 떨어지기 때문이다.

그런데 환율이 1달러당 900원 혹은 그 밑으로 내려가면 느닷없이 위기가 닥친다. 제품 수출가격이 높아지면서 이번엔 가격 경쟁력이 떨어져 국내 경제의 주축인 대기업들이 어려워지고, 여기에 원화 강세의 혜택으로 흥청대던 생활이 부메랑처럼 돌아와 뒤통수를 때리면서 대한민국이 한순간 위기를 맞이하기 때문이다. 그럼 다시 환율은 급등하고, 서민들은 괴롭고, 경제는 불황을 겪는다. 무엇보다 이런 시기엔 항상 '외환위기'가 공식처럼 이어진다. 말 그대로 달러가 부족해 펀더멘털과는 상관없이 부도가 날 수 있는 상황이다.

바로 이때쯤이다. 그간 사태 추이를 지켜보던 자본이 불현듯 등장해 대한민국의 이것저것을 다 빼먹고, 이런 약탈이 마무리되면 약간의 시간적 여유를 두고 서서히, 조금씩 빠져나간다. 그런데 재미난 건 이렇게 자본의 주머니가 채워진 다음에 대한민국 경제는 다시 살아난다는 사실이다. 급등한 환율로 가격 경쟁력이 생기고 수출에 탄력을 받기 때문이다. 그럼 우리는 다시 죽어라 일하고, 이어 앞서 말한 사이클이 또다시 돌아간다. 환율의 등락을 통해서 아주 자연스럽게 강제 노동을 시키는 것이다.

이런 환율 사이클에서는 대한민국 증시 움직임도 공식처럼 움직이는 모습을 보여 왔다. 고환율 시기에 주식은 바닥을 치고, 이후 환율이 서서히 떨어지면서(원화가 강세를 보이면서) 주식은 상승을 하고, 환율이 큰 폭으로 하락하면(원화가 초강세로 접어들면) 증시는 하락기로 전환하는 식이다. 이때 환율과 증시의 시간차는 보통 1년 6개월에서 2년 정도라고 보면 된다. 즉, 고환율이 증시에 주는 긍정적 효과는 2년 후에 가장 크고, 원화 강세가 증시에 미치는 악영향 역시 2년 정도 후에 가장 극심하다.

그래서 환율만 보고 주식 투자를 하는 사람들은 지난 2007년 원화 값이 초강세를 보였을 때쯤 '곧 위기가 닥치겠군'이라며 주식을 팔아 차익을 실현했다. 또한 2008년 말~2009년 초에 반대로 달러 값이 초강세(원화 초 약세)를 보였을 때는 겁먹지 않고 목돈을 국내 증시에 쏟아 부었다. 그리곤 지금 떼돈을 벌었다. 이처럼 환율을 바로미터로 투자를 하는 사람들은 예외 없이 이렇게 말한다.

"대한민국 증시만큼 투자하기 편한 곳이 어디 있어?"

그런데 이런 환율과 대한민국 증시의 상관관계를 이용해 비교도 안 될 엄청난 규모의 수익을 챙기는 주체는 따로 있다. 바로 자본이다. 이들은 대한민국 원화가 저평가돼 있다는 사실을 확인하면 ─ 디폴트(default)나 모라토리엄(moratorium) 상황이 발생하지 않는다는 전제 하에 ─ 지체 없이 투자금을 쏟아 붓는다. 조금의 망설임도 없다. 마치 경마장에서 '데끼리'를 만난 것처럼 인정사정 보지 않고 대한민국 주식을 산다.

무엇보다 최소 수익을 보장하는 또 하나의 방어 장치도 갖고 있다. 바로 환차익이다. 1달러에 1,400원일 때 한국 주식을 사고 일정 기간이 지나 1달러에 700원으로 환율이 떨어졌을 때 되팔면 이들은 가만히 앉아서 100%의 수익을 올린다. 1달러를 내고 1,400원짜리 주식을 샀는데 이후 1,400원짜리 주식을 팔면 2달러를 가져갈 수 있기 때문이다.

특히 이들은 원/달러 환율이 1,400원에서 700원으로 떨어지는 '과정'에서는 대한민국 주식이 절대 떨어지지 않는다는 것을 누구보다도 잘 알고 있다. 앞서 말했듯 이 시기는 호황기에 접어들 때이기 때문이다. 또한 가격 경쟁력에 대한민국 기업의 성숙한 기술력이 더해졌을 때 얼마나 파워풀한지 그동안 수없이 목도했기 때문이기도 하다.

환율은 과연 누가 움직이는가

그럼 이렇게 생각할 수 있다. 인위적으로 우리 금융당국이 아예 1달러당 1,400원의 고환율을 지속적으로 유지하면 되지 않느냐고. 실제로 만약 '우리나라 외환보유고가 털리지 않는다는 전제' 하에 이런 고환율 시기가 2~3년만 지속되면 삼성전자는 모든 경쟁업체를 싹 쓸어버리고 전 세계에서 나홀로 존재하는 반도체 기업이 될 것이다. 현대자동차의 세계시장점유율은 50%를 우습게 넘어 버릴 수 있다. 아니, 수출에 주력하는 웬만한 대기업들은 모두 세계 최강자로 우뚝 설 수 있다.

이런 생각은 비단 몇몇 개인만의 바람이 아니었다. 상당 기간 환율정책을 담당해 왔던 공무원들은 대부분 이런 사실을 충분히 숙지하고 있었다.

지난 2008년 인위적인 고환율(원화 약세) 정책을 추진해 엄청난 욕을 먹었던 강만수 전 기획재정부 장관을 기억하는가. 지극히 개인적인 견해지만 난 당시 강만수 전 장관이 앞서 말한 고환율의 선순환 사이클을 활용하려는 의도를 갖고 있었다고 파악한다. 물론 이런 고환율 정책을 구사하면 수입물가 상승으로 인플레이션 및 서민경제 악화의 역효과가 나타난다. 하지만 일반적으로 이런 역효과는 1년 6개월 후에나 본격화된다. 따라서 단기간 고환율 정책을 구사해 수출 기업들의 숨통을 살려 경기를 반등시키고 이를 통해 잽싸게 서민경제를 선제적으로 끌어올리면 금상첨화가 될 수 있다고 판단한 것이다.

그러나 당시 이런 인위적인 원화 약세 정책은 결과적으로 완전한 실패로 끝났다. 2008년 말 그 누구도 예상하지 못했던 세계금융위기가 터졌고, 대한민국은 달러 부족으로 '흑자도산'이라는 절체절명의 위기 순간을 맞이했다. 앞서 말한 외환보유고가 털린다는 전제가 깨져 버렸기 때문이다. 금융당국이 의도했던 인위적인 원화 약세가 '필연적인' 원화 약세가 되어 버린 것이다. 결국 당시 환율을 인위적으로 움직이려던 사람들은 '역적'으로 몰리는 상황까지 연출됐다. 정말이지 자본은 결코 호락호락하지 않았다.

그렇지만 아직도 외환금융 당국자들은 한목소리로 '환율 주권'을 외친다. 대한민국 원화의 환율은 우리 스스로 지켜 내야 한다는 주장이다. 왜 그럴까? 한 나라의 통화가치는 경제가 튼튼하면 높아지고, 경제가 흔들리면 낮아진다는 사실은 초등학교 애들도 아는데 왜 정작 당국자들은 "환율만큼은 절대 시장에 맡겨선 안 된다"고 역설하는 것일까?

표면적으로는 바로 환 투기꾼들 때문이다. 이들이 충분히 환율을 조작할 수 있다는 걸 현장에서 많이 목격했기 때문이다. 이들은 막대한 돈을 갖고 외환시장을 흔들고 환율을 움직이면서 세계경제 및 자산시장의 판도를 멋대로 조작한다.

하지만 한발 더 나아가 좀 더 깊게 통찰해 본다면, 그들을 용인하면서 그 위에 군림해 정작 모든 것을 조종하는 자본주의 시스템에 구조적인 문제가 있다. 환(율)을 흔들면 이어 채권시장, 그리고 주식시장이 줄줄이 사탕으로 흔들린다. 쉽게 말해 환율을 조작하면 주식 투자, 채권 투자, 원자재 투자, 파생상품 투자, 나아가 실물경기가 반영되는 부동산 투자까지 한순간에 '데끼리'로 만들어 버릴 수 있는 것이다.

가령 엄청난 돈의 힘으로 역외 차액결제선물환(NDF) 시장에서 달러를 팔고 원화를 사면서 환율을 조작해 원화 강세(환율 하락)를 만들었다고 해 보자. 이렇게 한 후 그간 모았던 한국 주식과 채권을 팔고 달러를 빼 가면 자본차익과 환차익을 동시에 올릴 수 있다.

반대도 가능하다. 원화를 대폭 팔아 버리면 환율이 급상승하고 국내 시장은 달러 부족에 힘들어한다. 그러면 자본은 저만치 빠져 있다가 다시 조금씩 달러를 공급하고 이때 환전해 받은 원화로 대한민국 자산을 매수하면서 '자산가격 상승(자본차익) + 원화 강세(환차익)'를 만들며 또 한 번의 데끼리를 키워 간다.

그래서 우린 정부 당국의 환율 개입을 너무 부정적으로 바라보면 안 된다. 어차피 NDF 시장은 환 투기꾼들이 조작하고, 흔드는 판이다. 우리도 나름의 전략을 갖고 대응해야 할 필요가 있다.

달러를 손에 쥐고 환율을 흔든다

그렇다면 자본은 대체 어떤 능력을 갖고 있기에 환율을 마음대로 결정할 수 있는가. 결론부터 말하면 바로 달러를 자신의 수하로 삼았기 때문이다. 우리가 흔히 말하는 환율은 엄밀히 말해 '달러 가치의 다른 이름'이란 사실을 반드시 기억하자. 물론 원화 대 유로화, 원화 대 엔화, 원화 대 호주달러 등 여러 나라 사이의 환율도 존재하지만 결과적으로 이 모든 환율은 사실 미 달러화의 가치 변동에서 시작된다. 따라서 달러만 확실하게 자기 손에 쥐고 있다면 시중에 유통되는 달러를 조절해 환율을 쥐락펴락할 수 있게 된다.

자본이 환율을 통해, 정확히 말해 달러의 가치 변동을 통해 세계 경제를 노예화시키는 패턴은 일반적으로 다음과 같다.

일단 1단계에선 먼저 사람들을 나른하게 만든다. 술에 취한 것처럼, 마사지를 받은 직후처럼 우리를 노곤하게 만들어 버린다. 들뜨고, 놀고 싶고, 흥청망청 행동하도록 만든다. 어떻게? 핵심은 바로 '달러 살포'다. 시중에 종이돈의 황제인 달러를 풀어 사람들이 모두 잠깐이나마 부자가 된 것 같은 착각을 주는 거다.

이러는 와중에 2단계로 돌입한다. 뜻밖의, 예상치 못한 '위기'를 만드는 것이다. 경제위기는 기본이고, 전쟁도 좋고, 전염병도 좋다. 심지어 달러의 국가 미국에 대규모 테러를 터뜨려도 된다. 우리들은 마치 '파블로프의 개'처럼 위기가 닥쳐오면 너도 나도 달러를 찾는다. 달러를 갖고 싶어 안달을 낸다. 그래서 세상이 흉흉해지면 예외 없이 달러의 가치는 급등했다.

그런데 이렇게 되면 그간 전 세계에 풀려나갔던 달러가 자신의 고향인 미국으로 돌아간다. 세계 곳곳에 투자됐던 주식, 채권, 부동산, 원자재 등 각종 자산을 앞뒤 안 가리고 팔아 치운 후 미국으로 향하는 것인데, 이렇게 되면 여러 나라의 자산 가격이 폭락하면서 위기의 강도는 더욱 커져만 간다.

이때의 포인트는 이런 상황에서도 자본은 오히려 절대 달러를 풀지 않는다는 데 있다. 과거 사례를 봐도 이런 타이밍이 오면 그렇게 달러를 풀어 대던 FRB가 완전히 안면을 몰수한다. 오히려 이런저런 핑계를 대면서 달러 품귀 현상을 가속화시킬 뿐이다. 사람들은 괴로워하고, 이 중 일부는 노예가 된다.

괴로움이 극으로 치닫는 2단계를 보낸 후 자본은 이제 3단계로 돌입한다. 대중의 공포가 어느덧 체념으로 변하고, 자본이 만들어 놓은 시스템에 고분고분한 순종 모드로 바뀌었을 때 이제 드디어 시중에 돈(달러)을 풀어 준다. 그러고는 그간 팔았던 매물들을 헐값에 거둬들이면서 경제에 숨통을 틔워 준다. 물론 이때 자본은 사람들에게 달러를 주는 대가로 하루에 12시간 이상 혹독하게 일을 시킨다. 그리고 자신은 전 세계인이 노예처럼 죽어라 일해서 만든 물건이나 서비스를 펑펑 써대며 즐긴다. 하지만 대중은 그 누구도 여기에 토를 달지 못한다. 오히려 이런 자본님에게 감사함을 느낄 뿐이다.

이후엔 다시 1단계로 돌아간다. 자본이 달러를 퍼부어 주고, 거품을 만들기 시작하면 해당국 통화 가치는 다시 올라가고 달러 가치는 떨어지는데, 이때 대중은 다시 '드디어 호황이 돌아왔구나' 하는 최면에 빠지게 된다. 뭔가를 이뤄냈다는 자신감도 갖고, 대중들은 언제 그랬냐는 듯 과거의 아픔을 잊고 다시 탐욕에 빠져 투기에 나서게 된다. 그러면 자본은 과거 헐값에 사 모았던 보유 물량을 높은 가격에 우리에게 떠넘긴다. 또한 이때 해당국 통화가 강해진 데 따른 환차익도 고스란히 가져간다. 그러고는 이제 다시 2단계 행동을 개시한다.

이처럼 자본주의 시스템에서는 자본이 달러의 가치를 올렸다 내리면서 우리나라(상대국)의 환율을 결정할 수 있고, 경제 주기까지 조절할 수 있다. 이런 '줄줄이 사탕' 같은 환율 구조는 자본 입장에서 보면 매우 소중한 시스템이 아닐 수 없다.

환율에 따른 성공 투자 능력은

따라서 투자자들은 환율을 고려할 때 항상 자본의 의도를 생각해야 한다. 현 시점에서 자본은 왜 달러 가치를 상승(또는 하락)시켰는지, 현재 발생한 사건이나 향후 다가올 이벤트는 달러를 강하게 만들지 혹은 약하게 만들지 통찰해야만 한다. FRB의 통화 정책(금리 정책)까지 함께 연계해서 바라본다면 금상첨화다.

혹자는 변동환율제도가 문제라고 한다. 그래서 자본의 속임수를 피하려면 다시 달러를 버리고 금 같은 새로운 기준을 정해 고정환율제를 해야 한다고 주장한다. 정말로 그럴까? 고정환율제를 채택하면, 그래서 달러의 가치 변동에서 자유로워지면 안전할까? 그렇지 않다. 한 국가의 통화 가치는 강해지든 약해지든 변하게 마련인데 이를 인위적으로 붙잡아 둘 경우 반드시 문제는 터지게 돼 있다.

1992년 9월 16일 영국 파운드화가 대폭락했던 '검은 수요일' 이야기는 이제 하나의 전설처럼 전해온다. 파운드화 가치 폭락에 배팅해 무려 10억 달러의 수익을 올린 조지 소로스는 이후 투자자들의 영웅으로 등극했다.

이날의 사건은 유럽환율조정체제(ERM)에 따라 영국 파운드화와 독일 마르크화의 교환 비율을 1대 2.95로 고정시켰다는 사실에서 시작된다. 그런데 조지 소로스는 당시 형편없이 추락한 영국 경제를 고려했을 때 파운드화의 가치는 결코 여기에 못 미친다고 생각했다. 이에 파운드화를 공매도하고 달러를 싸게 사들인 다음, 이후 파운드화 가치가 떨어지자 공매도한 파운드화를 싸게 환매수하고 달러를 비싸게 팔아 양쪽에서 모두 돈을 챙겼다.

이때 영국중앙은행은 폭락하는 파운드화 가치를 붙잡으려고 외환보유고의 3분의 1을 쏟아 부었지만 다 털리고 결국 조지 소로스에게 항복하고 말았다. 이처럼 고정환율 제도라고 해서 결코 능사가 아니다. 어떤 식으로든 자본에게 당하게 된다.

이렇게 고정환율제를 펼치다 몇 차례 당하게 되면 '수요과 공급의 원칙에 따르자'는 생각에 다시 변동환율제로 바뀌게 된다. 소위 외환시장에서 환율을 결정하는 건데, 바로 이 순간부터 자본의 하수인인 미국 달러화에 묶여지는 진정한 노예 생활이 시작된다. 겉으로는 합리적으로 돌아가는 것 같지만 절대 그렇지 않다. 달러를 찍어 내는 결정 자체가 자기 멋대로이고, 자기들 꼴리는 대로인데 도대체 무슨 '합리'나 '효율'을 찾는다는 말인가.

기축통화인 달러 통제권을 자본에게 빼앗긴 이상 우리는 이러지도 저러지도 못한다. 고정환율제이든 변동환율제이든 우리는 매번 뜯기고 자본은 항상 승리하는 구조다. 알파와 오메가, 소위 '양빵'을 모두 손에 쥐고 흔드는 자본의 대단한 능력을 다시 한 번 확인하게 되는 부분이다.

그렇다면 이런 악조건 속에서 우리는 어떻게 대응해야 하는가. 우선 그들의 의도를 조용히 읽어 내고, 어느 방향으로 향할 것인지 주시해야 한다. 자본이 대한민국을 '데끼리'로 여기고 무한 반복의 사이클로 우리에게 접근한다면 우리 역시 이들의 행보를 이용해야 한다. 국내 주식시장에서 외국계 자금 추이는 확인이 용이하다. 진입과 이탈을 한눈에 확인할 수 있다. 더 결정적인 포인트는 이들이 항상 '기조적'으로 움직인다는 데 있다.

투자를 해 본 사람은 알겠지만 외국계 자금은 주식이든, 채권이든, 외환이든, 부동산이든 뚜렷한 방향성을 갖고 움직인다. 한번 'BUY'로 스탠스를 잡았다면 예외적인 상황 외에는 무섭게 매수로 간다. 상대방의 높은 호가를 그대로 떠안으면서 매수 랠리를 펼치는 것이다. 반대로 'SELL' 쪽으로 방향을 잡으면 뒤도 안 돌아보고 팔아 버린다. -10%대 정도의 수익률 차이는 아랑곳하지 않고 그냥 매도로 일관한다. 따라서 10일 순매수에 1일 순매도, 혹은 20일 순매수에 2일 순매도 같은 매매 행태는 아직 '데끼리'를 포기할 단계가 아니다.

다만 경계해야 할 것은 있다. 지난 2007년 말 일명 '슈퍼버블'이 정점에 달했을 때를 떠올려 보자. 외국계 자금이 빠져나가는 것을 눈앞에서 목도하면서도 꾸역꾸역 시장에 자금을 넣는 안일함이 당시에 있었다. 훤히 그들의 속셈을 알면서도 '이번엔 달라' '자본이 이번엔 우리에게 떡고물 주나?' 같은 탐욕이 앞서서 매도 타이밍을 놓쳤던 것이다.

무엇보다 손절매에 대한 결단력은 반드시 갖춰야 한다. 여러분이 뛰어든 직후 외국계 자금이 무차별 매도 공세를 펼치며 30일 연속 순매도를 기록하는 상황이 발생할 수 있다. 그러면 가차 없이 끊고 나와야 한다. -50%의 손실을 볼 상황에서 -20%로 끊었다면 이건 엄밀히 말해 30% 이익을 본 것과 마찬가지다. 아니, 더 정확히 말하면 애당초 -10~-20%의 손실을 봐도 툴툴 털고 '허허' 웃으면서 빠져나올 수 있는 여유자금으로 덤벼야 한다. 자본이 빠져나올 때 같이 빠져나올 수 있는 것도 진짜 중요한 성공 투자 능력이다.

05_ 자본과 내가 원한 치명적 유혹

인플레이션은 자본의 치명적 유혹이다.
하지만 그 유혹은 내가 원한 것이기도 하다.

곧 혹독한 인플레이션이 찾아올 것이다. 그렇다. 이것은 자본주의 시스템의 숙명이고 자본의 흉계 때문이기도 하지만, 우리들 스스로가 선택한 길이기도 하다.

05_ 자본과 내가 원한 치명적 유혹

인플레이션은 자본의 치명적 유혹이다.
하지만 그 유혹은 내가 원한 것이기도 하다.

고백컨데 난 일부 경제 전문가들이 비난하는 소위 '인플레이셔니스트(Inflationist)'이다. 화폐 가치는 필연적으로 하락하기에 한시라도 빨리 '투자'에 나서야 한다고 주장하는 사람들 중 한 명이다.

우리는 왜 골치 아프게 주식 투자를 할까? 왜 자기 집을 마련하려고 아옹다옹하는 것은 물론 부동산 투기까지 할까? 뭉뚱그려 말해서, 우리는 왜 재테크를 하는 것일까? 그냥 열심히 일하고, 일해서 번 돈을 은행에 차곡차곡 저축하면 될 텐데 말이다. 그러면 주가 폭락에 전전긍긍할 필요 없고, 주택담보대출 이자 때문에 외식 한 번 못하는 각박한 생활을 벗어날 수 있다. 무엇보다 자본의 간교한 속임수에 당하지 않을 수 있다.

그래서 많은 사람들은 말한다.

"재테크에 미치라고? 다 헛소리야. 한번 크게 혼쭐나야 정신을 차리지. 그냥 은행 적금이나 들어."

하지만 난 이런 조언은 너무 무책임하다고 생각한다. 왜냐하면 우리는 그렇게 살고 싶어도 그렇게 살 수가 없기 때문이다. 자본주의 시스템에는 필연적으로 '인플레이션'이란 치명적인 복병이 존재하기에 그렇다. 화폐 가치가 지속적으로 떨어지는 인플레이션이 존재하는 한 우리는 어쩔 수 없이 뭔가에 투자해야 하는 운명을 숙명적으로 타고 난 것이다.

자본은 우직하고 근면하게 살아가는 대중을 절대 가만히 놔두지 않는다. 자본은 자신의 충직한 부하인 종이돈의 가치를 떨어뜨려서 열심히 저축하는 사람들을 바보로 만들어 버린다. 투자와 거리가 멀어지려 할수록 자본의 유혹은 더욱 거세진다. 누군 주식으로 몇천을, 몇억을 벌었다는 이웃의 소문에서부터 각종 언론에는 투자로 성공한 사람들이 소개된다.

이뿐만이 아니다. 아파트 한 채 구입하지 않았다는 이유 하나만으로 한 사람의 인생을 완전히 바보로 만들어 버린다. 저축으로는 도저히 따라잡을 수 없는 부의 격차를 만들어 버리는 것이다. 실제로 1950~60년대에 태어났던 다수의 사람들은 이런 말도 안 되는 경험을 했다.

그런데 더 최악은 결국 자본의 꼬드김에 넘어가 뒤늦게 투자 판에 뛰어드는 거다. 이 과정에서 탐욕과 공포를 겪으며 삶은 위축되고, 나아가 있는 재산까지 모두 털리는 상황을 맞게 된다.

이런 이유로 나는 20대 초반의 꿈 많은 대학생에게도 틈만 나면 투자에 공부하라고 강조했다. 『대한민국 20대, 재테크에 미쳐라』라는 책은 결코 투자로 떼돈을 벌라는 게 아니다. 일찍 투자에 입문해 하루라도 빨리 자본주의 시스템을, 그리고 자본의 주특기인 인플레이션의 속성을 깨닫고 대응하라는 의도였다.

그렇지만 나를 포함한 수많은 인플레이셔니스트들은 항상 비판을 받는다. 인플레이션 공포감을 조성해 결국 투기를 조장한다는 비난이다. 절약하고, 저축하고, 차근차근 부를 마련하는 대신 '한탕주의'를 심어 준다는 것이다. 인플레이션이 온다고 부추겨 아무것도 모르는 사람들에게 기존 주식이나 아파트를 높은 가격에 떠넘긴다는 오해를 말도 못하게 많이 들었다.

인플레이션은 필연, 디플레이션은 우연

그러나 이렇게 한번 생각해 보자. 인플레이션은 자본의 계략이기도 하지만 어떤 의미에서는 인간의 본성에서 비롯됐다고 말이다(물론 자본이 이걸 악용한 것이지만). 솔직히 말해 우리가 인간인 이상, 그리고 이 사회가 인간들이 모여 사는 곳인 이상 우리는 종이돈을 계속 찍어 낼 수밖에 없다.

가령 처음에 1억 원의 종이돈을 찍어 냈다고 해 보자. 그리고 1,000명의 사람들이 열심히 일했다. 하지만 일정 시점 이후 최초 통화량 1억 원의 분배는 반드시 차별적으로 이뤄진다. 극단적으로 10명 정도가 9,990만 원을 소유하고 나머지 990명이 10만 원을 갖는 상황에 빠질 수도 있다. 왜냐고? 인간사회라 그렇다. 능력에 차별성을 갖는 인간이라, 정도의 차이는 있겠지만 이런 상황은 나타날 수밖에 없다.

그럼 이후엔 어떻게 될까. 어쩔 수 없이 1억 원을 다시 찍어 내고 두 번째 사이클을 돌릴 수밖에 없다. 이것은 첫 판에서 도태됐던 990명의 요구 때문이기도 하다. "우리에게 다시 기회를 좀 달라"면서 돈을 더 풀라고 하는 것이다. 그래서 이제 다시 두 번째 판이 돌아간다. 이 판이 끝나면 분명 첫 번째 사이클에서 뒤처졌던 990명 중 일부는 그나마 돈을 챙길 것이다. 하지만 이 과정에서 최초 9,990만 원을 가져갔던 10명의 부는 더 커질 가능성이 높다. 그리고 이제 또다시 도태된 사람들은 "돈을 한 번 더 왕창 찍어 달라"고 자발적으로 요구할 것이다. 결국 또 윤전기는 돌아갈 수밖에 없다.

그런데 이런 반복이 이어지면 이미 상당량의 종이돈을 획득한 사람들은 ― 최초 획득자가 바로 자본이라고 생각하면 된다 ― 땅을 사고, 물건을 구입하고, 인간(노동)을 소유하기 시작한다. 어차피 종이돈은 계속 찍어 낼 것임을 알기에 이제 포트폴리오를 다각화하는 쪽으로 전략을 수정하는 것이다. 그런데 이처럼 '실물'을 장악하면 후발 주자와의 차이는 더 벌어지고 부의 '넘사벽'은 더욱 더 공고하게 쌓여만 간다.

물론 우리네 경제에 인플레이션만 존재하는 건 아니다. 현금의 가치가 높아지는 디플레이션 시기도 찾아온다. 이건 앞서 설명한 것처럼 자본이 주기를 원하기 때문이다. 인플레이션만 있으면 자본은 완벽한 승리를 얻을 수 없다. 때로는 밑으로 무섭게 내리꽂는 폭락이 반드시 있어야 한다. 그래야 자본이 최종 승자가 될 수 있다. 그래서 흔히 "인플레이션이 일종의 필연이라면 디플레이션은 그야말로 우연"이라고 말하는 것이다.

하지만 재미난 점은 이런 디플레이션 혹은 디프레션(depression)의 출몰에 대해 누구도 정확한 원인을 찾지 못한다는 데 있다. 오죽했으면 나심 니콜라스 탈레브는 이렇게 느닷없이 찾아오는 불황을 '시커먼 백조(black swan)'에 비유했겠는가.

인플레는 최소한 '돈 벌 기회'를 준다

초등학교 5~6학년을 대상으로 한 '어린이 금융 교육' 강의를 하는데 한 어린이가 이런 질문을 던진 적이 있었다.

"그런데 인플레이션이 좋은 거예요, 아니면 디플레이션이 좋은 거예요?"

그 순간 선뜻 대답을 하지 못했다. 질문은 아주 간단명료했지만 답변이 복잡다난했기 때문이다. 이때의 이론적인 정답은 "완만한 인플레이션이 가장 좋다"는 것이지만 현실적인 정답은 "내가 돈 벌 수 있는 시기가 가장 좋다"는 것이다.

디플레이션은 정말 최악이다. 가진 자나 없는 자나 자산가치가 5분의 1, 3분의 1, 2분의 1 토막이 나는 시기로 괴로움은 극에 달한다. 더 답답한 건 이 시기에는 부의 이동이나 역전이 결코 생겨나지 않는다는 사실이다. 전반적인 부의 규모는 축소됐지만 계층이나 서열은 그대로 유지된다.

반면 인플레이션에서는 부의 이동이 발생한다. 아주 극단적인 상황이 바로 초등학교 때 배웠던 술만 퍼 마시던 앞집 아저씨의 '대박' 사연이다. 매일 술만 먹고, 여기저기서 돈만 꾸고, 꾼 돈으로 또 술만 마시던 아저씨가 어느 날 하이퍼인플레이션이 터지자 갑부가 됐다는 스토리. 앞마당에 쌓아놓은 술병들의 가치가 천정부지로 솟아올랐기 때문이란다. 게다가 이 스토리에는 열심히 농사짓고 절약하면서 땅속 항아리에 현금을 모아놓은 뒷집 아저씨는 '쪽박'을 찼다는 사연도 공식처럼 덧붙여진다.

내가 '인플레이셔니스트'가 된 가장 큰 이유 역시 이런 부의 역전 때문이었다. 사람들은 "물가가 너무 올라 서민들만 죽어난다"라고 얘기한다. 맞는 말이다. 하지만 명심해야 할 또 한 가지 사실은 그나마 서민들이 어떤 식으로든 자산을 불릴 수 있는 시기 역시 아이러니컬하게도 이 인플레이션 구간이라는 사실이다. 불황과 공황 시기엔 이런 계층 역전의 기회조차 가질 수 없다.

어떤 경제학자는 주식이고, 부동산이고, 금이고, 원유고, 농산물이고 다 집어치우고 그냥 은행에 저축만 열심히 하면 되는 세상이 와야 한다고 주장해 세간의 존경을 받는다. 하지만 이건 전형적인 포퓰리즘적 행태다. 정말이지 모든 자산의 투자수익률이 마이너스이고 은행 정기예금 금리만 20%인 세상이 온다면 그때는 오히려 가진 자들만 희희낙락할 게 분명하다.

지난 1998년 대한민국이 그랬다. IMF 외환위기 이후 1년 정기예금 이

자율이 25%까지 육박하던 그때, 서민들은 배고픔도 참아가며 죽어라 일했지만 극소수의 부자들은 자기들끼리 낄낄거리며 자산을 불렸다. 무엇보다 자본 역시 이런 인플레이션 구간에서는 약간의 아량을 베푼다. 우리를 교만하고 탐욕적으로 만들어 결국 파산하게 할 속셈 때문이기는 하지만 말이다. 만약 이런 유혹으로부터 조금만 초연해진다면 결과적으로 디플레보다는 인플레가 훨씬 좋다. 인플레이션 구간에는 바짝 정신 차리고 눈을 부릅뜬다면 최소한 기회라는 게 찾아온다.

하이퍼인플레이션이 온다

지난 2008년 말 세계 금융위기가 닥쳤을 때 이론적으로는 3년 이상 불황이 이어졌어야 했다. 힘들어도 그때 힘들었어야 했다. 하지만 사람들은 그걸 원치 않았다. 미국의 FRB(연방준비위원회), 유럽의 유럽중앙은행(ECB), 영국의 BOE(영란은행), 중국의 인민은행, 일본의 BOJ, 한국의 한국은행은 이런 불황을 인위적으로 막아 냈다. 단기간 천문학적인 종이돈을 뿌려가며 공격적인 대응을 펼쳤던 것이다. 이후 세계경제는 본격적인 인플레이션 구간에 돌입하게 되었다.

개인적으로 이번 인플레이션의 끝은 결과적으로 모든 종이돈이 사망하는 '하이퍼인플레이션'으로 마감될 것이라고 예측한다. 이때가 2013년이 될지, 2014년, 아니면 그 후가 될지는 알 수 없지만 반드시 오고야 말 것이다. 그리고 이 하이퍼인플레이션 이후에는 정말 처절한 고통을 느끼는 공황이 찾아올 것이라 전망이 된다(이때 자본도 같이 죽는다고 오해하면 안 된다. 자본은 이미 실물 자산도 상당히 확보하고 있으니까 말이다).

물론 이건 하나의 예측이다. 그러나 예측이 맞건 틀리건 진짜 중요한 건 얼마나 현명하게 대응하느냐 하는 점이다. 자본의 의중을 속단해서는 안 된다. 우리는 인플레이션이 어떤 식으로 진행되는가를 살피면서 자신의 부를 불려 나가야 한다. 그래야 이후 찾아올 하이퍼인플레이션과 연이은 공황에서도 나의 영혼과 내 가족의 안위를 지켜 낼 수 있다.

인플레이션 구간을 쪼개서 살펴보자. 초기 인플레이션 구간의 최고 재테크 수단은 누가 뭐래도 주식이다. 주식은 언뜻 종이쪽지로 보이지만 엄밀히 말해 기업의 일부를 뜻한다. 가령 내가 '농심' 주식을 매수했다면 그것은 엄밀히 말해 농심이 갖고 있는 공장 또는 라면의 일부를 소유했다는 뜻이기도 하다. 특히 이 시기엔 '부의 역전'이 활발하게 이뤄진다.

또한 완만한 인플레이션은 경제성장의 필요충분조건이다. 더도 말고 덜도 말고 꾸준히 3%씩 매년 물가상승률이 지속된다면 그것은 다른 말로 해당 경제가 튼실하게 성장하고 있음을 의미한다. 결국 현대 경제의 성장 주체인 기업의 가치를 매기는 주식 가격은 오를 수밖에 없다.

그런데 만약 인플레이션이 심화되고 연 두 자릿수 정도로 규모가 커진다면 대응책은 전면 수정돼야 한다. 이 때 최선의 대응책은 '빚 갚기'이다. 이 시점에서는 더 이상 탐욕을 버리고 차익 실현에 나서야 하며 어떤 식으로든 자신의 빚을 없애야 한다.

'인플레이션 시기엔 돈을 많이 빌린 사람이 유리하다'는 교과서 내용은 뭐냐고? 그건 이론에 불과하다. 실전에선 명목이자의 증가 속도가 이자부담 감소 속도를 빠르게 추월하기 때문이다. 무슨 말인가 하면, 제대로 된 채권자라면 6~8%대 이상의 물가상승률이 나타나면 어떤 식으로든 재빨리 이자율을 올리는데, 이 경우 월급 등 실질 소득은 바로 늘어나지 않기 때문에 채무자가 이자를 갚지 못하는 상황이 발생한다는 뜻이다. 그래서 채무자는 결국 돈 빌린 사람이 누릴 수 있는 종이돈 가치의 하락(채무 부담 감소)을 즐겨 보지도 못한 채 채권자에게 자신의 실물 자산을 압류 등의 형식으로 빼앗기는 일이 비일비재하게 발생한다(그래서 난 초장기 고정금리대출의 맹신론자이다).

한편, 빚이 전혀 없는 경우라면 금 투자를 고려해 볼 수 있다. 은이나, 원유 선물 투자, 농산물 투자도 괜찮다. 이 중 딱 한 가지를 꼽으라면 역시 금이다. 금은 인류에게 그 자체로 돈이었다. 미국 달러화가 대단한 것 같지만 불과 1970년대에 금본위제도가 실시될 때까지만 해도 그렇지 않았다. 당시 달러는 금의 가치에 따라 자신의 가치가 정해지는 금의 하수인에 불과했다. 따라서 대량 인플레이션이 시작될 조짐이 보인다면 한시라도 빨리 '실물 금'을 확보해야 한다.

인플레이션의 마지막 단계인 하이퍼인플레이션 구간이 오면 물가 상승률은 20~30%를 넘어서고 더 이상 '가격'이 의미가 없어진다. 가격을 통한 거래가 이뤄지지 않기 때문이다. 작년에 1,000만 원 하던 롤렉스 시계를 올해 2,000만 원 이상 지불해도 구할 수 없다.

하이퍼인플레이션 시대에는 모든 종이돈이 신뢰를 잃어버려, 종이돈의 사망 시기로 불리기도 한다. 이 시기에는 종이돈 1억 원이 있어도 쌀 한 가마니조차 구입할 수 없고, 마치 철기시대처럼 '물물교환'이 통용된다.

20세기 이후 하이퍼인플레이션의 대표적 사례로는 제1차 세계대전 직후 바이마르 공화국(독일)과 2000년 이후 짐바브웨 공화국이 꼽힌다. 바이마르 공화국 시절엔 물가가 하루에 2배 이상씩 올라 최고 370만 배가 올랐다. 물가상승률로만 보면 연 3억 %가 넘는 말도 안 되는 수치다. 지폐를 땔감으로 사용하고 화장실 휴지로 이용했다는 일화는 아주 유명하다.

무가베 대통령의 농지 개혁 직후 짐바브웨에서 펼쳐진 하이퍼인플레이션 또한 유명하다. 생수 한 병 가격이 1억 2,000만 짐바브웨달러, 버스 요금이 3,500만 짐바브웨달러, 달걀 1개는 300억 짐바브웨달러, 식빵 한 주머니를 사려면 돈 담을 자루를 준비해야 했다.

이런 하이퍼인플레이션 시기엔 생존이 최대 화두이고, '먹거리'를 확보하는 게 급선무다. 따라서 대량 인플레이션 시기가 올 때부터 먼저 대형 창고를 확보하고 여기에 식량을 저장하는 것도 좋은 대응이라 할 수 있다. 1930년대 대공황 때도 그랬다. 당시 대공황을 거치면서 미국에서는 정말 많은 신흥부자들이 탄생했는데, 이들 중 다수는 콩이나 밀 같은 썩지 않는 곡식을 대량 재배했던 농부들이었다.

열쇠는 '달러'가 쥐고 있다, 그러나

미국에서는 1차·2차·3차 양적 완화가 펼쳐지고, 유럽에선 1차·2차·3차 LTRO(Long Term Refinancing Operation, 장기저리대출)가 지속되고, 영국·중국·일본이 경쟁적으로 돈을 찍어 내고 있다. 우리도 예외는 아니다. 정말이지 대단한 역전극이 없다면 세계경제는 곧 대량 인플레이션 구간으로 빠져들 게 확실하다. 물론 한순간 모든 것을 바꿔놓는 반전도 나올 수 있다. 이때의 '반전'은 크게 두 가지를 의미한다.

첫째는 세계 기축통화인 미국 달러화가 다시 힘을 내는 일이다. '종이돈의 만형'인 달러가 초강세로 전환하면서 그 동생급 종이돈들이 모두 가치를 되찾는 형국이다. 이처럼 달러화 강세가 현실화되면 인플레이션에서 대량인플레이션, 하이퍼인플레이션 단계로 질주하는 열차를 급정거시킬 수 있다.

다만 이렇게 됐을 경우 우리는 지난 2008년 말 겪어야만 했던, 그렇지만 그냥 지나쳤던 불황을 이번엔 진짜로 겪어야 한다. 증시와 집값은 큰 폭으로 하락하고, 하루에 두 끼 정도만 먹어야 할 수도 있다. 그러나 이때의 고통은 달러화가 붕괴되는 것보다 오히려 '양호'할 것이다. 적어도 영혼을 지킬 수는 있으니까.

두 번째, 세계 각국 통화정책이 바뀐다면 하이퍼인플레이션을 막을 수 있다. 앞서 말한 것처럼 당장 출구전략을 사용하는 것이다. 금리를 올려 그간 풀렸던 유동성을 회수해 버리는 것이다. 또한 정부가 긴축정책을 구사해 경기부양 속도를 늦추는 방법도 존재한다. 이때 전제조건은 모든 세계인들이 "지금부터 한 3년간, 5년간 허리띠를 졸라매고 죽어라 고생 좀 하면서 빚을 갚자"고 합의를 보는 것이라 할 수 있다.

하지만 현재 이 두 가지 모두 가능성은 매우 낮아 보인다. 미국은 이미 죽어 가고 있다. 로마제국과 과거 대영제국이 몰락했던 것처럼 미국이란 제국 역시 필연적으로 침몰해 가고 있다. 미국이 망해 가고 있다는 방증을 말해 보라면 100가지 넘게 설명할 수 있다. 이런 상황에서 미 달러화가 힘을 내기란 역부족이다.

일각에선 '전쟁'이 일어나면 반전이 가능하다는 얘기를 들먹이기도 한다. 전쟁 같은 대규모 혼란이 일어나면 달러화는 힘을 낼 수 있기 때문이다. 가능성은 인정하지만 제3차 세계대전 정도의 규모가 아니라면 달러화 강세는 일시적일 수밖에 없다.

세계 각국 정부가 갑자기 작심하고 부양정책을 버리고 긴축정책으로 돌아선다는 시나리오 역시 지금으로선 힘들어 보인다. 더 정확히 말하면 인간인 이상 우리들 스스로가 "나중에 맞을 매, 먼저 맞을래요, 어서 빨리 세게 때려 주세요"라고 하지는 않기 때문이다. 아마도 우리는 마지막 순간까지 좀 더 빚을 내면서 '어떻게든 되겠지'라는 생각으로 하루하루를 보낼 가능성이 훨씬 더 크다. 그래서 결국 인플레이션은 심화될 것이고, 달러 값은 반 토막이 나고, 원유는 배럴당 150달러를 돌파하고, 금값은 온스당 2,000달러가 될 것이다.

지금까지 했던 이야기가 마치 인플레이션, 그것도 하이퍼인플레이션이 오기를 바라는 것처럼 비춰질 수도 있다. 그건 아니다. 내가 진짜로 하고 싶은 말은 미래를 위해 오히려 지금 매를 좀 맞자는 쪽이다.

어차피 굶어야 한다면 지금 당장 굶자는 쪽이다. 그러나 현실에선 다들 '더블 딥'과 '하이퍼인플레이션' 중 하나를 선택하라면 후자를 선택한다. 정치가들도, 통화 당국 관계자들도, 언론인들도 모두 마찬가지다. 내가 보기에 그건 결코 좋은 방법이 아니다.

곧 혹독한 인플레이션이 찾아올 것이다. 그렇다. 이것은 자본주의 시스템의 숙명이고 자본의 흉계 때문이기도 하지만, 우리들 스스로가 선택한 길이기도 하다. 따라서 어서 빨리 각자 자신만의 인플레이션 로드맵을 만들고 각각의 대비책을 실행에 옮겨야 한다.

06_ 우리를 통제하기 위한 자본의 음모

"위 아 더 월드(We are the World)."
그것은 자본에게 통제의 용이성을 의미한다.

우리가 원해서 하나가 되는 것과 자본의 힘과 계획에 의해 하나로 뭉치는 건 전혀 다른 차원의 이야기이다. 이걸 착각하면 안 된다.

06_ 우리를 통제하기 위한 자본의 음모

"위 아 더 월드(We are the World)."
그것은 자본에게 통제의 용이성을 의미한다.

지난 1985년 마이클 잭슨은 아프리카를 돕기 위해 스티브 원더, 빌리 조엘, 밥 딜런 등 세계적인 톱 아티스트 50여 명과 함께 「위 아 더 월드(We are the world)」라는 노래를 발표했다. 대단한 히트였다. 멜로디도 좋았고, 무엇보다 가사가 와 닿았다. 특히 '너와 내가 합치면 더 나은 세상을 만들 수 있다(It's true we'll make a better day just you and me)'라는 노래의 마지막 구절을 참 많이 되뇌었던 기억이 생생하다. 대학 시절, 경영학 원론 시간에 교수님은 데이비드 리카르도(David Ricardo, 1772년 ~ 1823년)의 '비교우위론'을 설명하면서 이 노래를 언급했다. 우리가 모두 장점과 단점을 함께 갖고 있듯이 국가들도 마찬가지란 거였다. 모든 걸 다 잘하는 절대우위란 없다. 따라서 각자 자신이(각국이) 상대적으로 더 잘하는 일을 하며 서로 힘을 합치면 세상은 더 좋아질 수 있다는 게 바로 리카르도식 '위 아 더 월드'라는 이야기였다.

그런데 이 비교우위론은 나아가 훗날 '자유무역'의 모태가 됐다. 단적으로 말해 가만히만 있어도 바나나가 주렁주렁 열리는 국가는 바나나에 집중하고, 머리 좋고 손재주가 뛰어나 컴퓨터를 척척 만드는 국가는 열심히 컴퓨터만 만들면 된다. 그리고 서로 이 두 가지 재화를 자유롭게 교환하면 이것만큼 효율성 높은 행동은 없다. 이처럼 자유롭게 물건을 사고팔아 결국 하나의 지구촌을 만들자는 뜻이었다.

강의를 들었던 당시엔 이런 설명이 정답으로 느껴졌다. 실제로 내가 초등학교에 다닐 때만 해도 부자들이나 먹던 바나나를 지금 저렴한 가격에 배터지게 먹을 수 있는 건 바로 자유무역 때문이다.

요즘 우리 인류는 점점 하나가 되고 있고, 그래서 세상은 점점 개선되고 있는 것처럼 느껴진다. 그러고 보니까, 자본주의 시스템은 효율성 측면에서 이렇게 세상이 통합되고, 하나로 뭉쳐 서로 돕고 살아가는 것을 원하는 것 같다. 산업혁명 이후 우리 사회의 대세가 된 '분업화'라는 것도 조금만 생각해 보면 실은 단일화의 전제조건임을 알 수 있다. 다들 한 가지 일밖에 못하니 살아가려면 결국 원하든 원하지 않든 서로 합쳐야 하니까 말이다.

그런데 파고들면 들수록 이 단일화와 통합화라는 현재의 흐름은 자본이 자기 멋대로 우리를 통제하기 위해 만들어 낸 일종의 음모라는 생각을 지울 수 없다.

세계는 점점 더 하나가 된다

'세계 단일 정부'라는 말을 들어본 적이 있는가? 아니면 '세계 단일 화폐'가 곧 통용될 것이라는 이야기는? 현재 빠르게 진행되고 있는 지역 경제 공동체가 결국 세계 단일 경제 체제로 이어지고, 이어 세계 정부가 수립되고, 세계 대통령이 나온다는 식의 시나리오는 어떤가.

당장 내년에 세계 정부가 탄생할 것이라고 확신할 순 없지만 세계는 점점 단일화를 향해 가고 있다. 가령 FTA(자유무역협정)를 예로 들어 보겠다. FTA 속에는 결국 세상을 하나로 만들자는 목적이 숨어 있다. 양국이 세금(관세) 없이 서로 무역하자는 건 결국 하나의 경제공동체로 나아가자는 뜻이고 마지막엔 하나의 정부, 즉 단일 정부 체제를 만들자는 의도가 담겨 있다고 해석할 수 있다.

실제로 지구상의 한쪽에서는 이미 이런 과정이 진행되고, 완성되고 있다. 잘 알다시피 지난 1994년 1월 EU(유럽연합)가 출범했고, 이어 1999년 1월부터 유로존 체제가 시작되면서 '유로화'라는 단일 통화 체제가 만들어졌다. 그리고 2012년 말부터는 재정동맹을 기반으로 한 본격적인 재정 통합 노력이 이뤄지고 있다. 유럽연합(EU)은 이런 통합에 대한 공로를 인정받아 2012년 노벨평화상을 수상했을 정도다.

이런 전 지구적 단일화 트렌드를 만든 진정한 힘은 바로 자본이다. 단일화는 어떤 면에서 자본주의 시스템이 추구하는 궁극의 모습이라고 할 수 있다. 자본의 입장에서 단일화 또는 통합화는 결국 '통제의 용이성'을 의미하기 때문이다.

이건 적벽대전 당시 조조의 군사가 사용한 연환계(連環計)와 손권·

유비 연합군이 사용한 화공(火攻)의 대결과도 같은 것이다. 당시 조조는 뱃멀미로 군사들이 힘들어 하자 배를 십여 척씩 쇠사슬로 묶고 넓은 판자를 깔아 흔들리지 않게 하는 '연환계'를 택했다. 물론 배를 묶어 두면 화공에 속수무책이라는 걸 알았지만 한겨울에 동남풍이 불지는 않을 거라 생각했기 때문이다. 하지만 이건 확률에 입각한 전략이었다. 겨울엔 동남풍이 거의 불지 않지만 불면 또 부는 거다.

그렇다면 결과는 어떻게 됐을까. 그랬다. 적벽 지역엔 느닷없이 동남풍이 불어 닥쳤고 손권·유비 연합군은 화공을 통해 조조의 배들을 싹쓸이했다.

아마도 자본은 결국 우리에게 이런 식의 접근을 할 것이다. 처음엔 흔들리지 말자며 서로를 꽁꽁 묶자고 제안하면서 어느 순간 거침없이 화공을 펼칠 것이다. 우리가 결코 동남풍이 불지 않을 거라고 안심하면서 '위 아더 월드'를 부르면서 손에 손을 맞잡고 하나로 뭉치는 어느 시점. 이때 갑자기 동남풍이 불어 온다면 우리는 손과 발이 서로 묶인 채 자본의 맹공에 속수무책 당할 수밖에 없다.

무엇보다 자본은 디지털(digital)이란 기술의 혁신을 발판으로 ─ 이 역시 자본이 이룬 업적이겠지만 ─ 더 효과적인 단일과 통합의 트렌드를 구축하고 있다. 디지털에 기반을 둔 매스미디어와 인터넷, 앱, SNS(소셜 네트워크 서비스) 등이 확산되면서 순간의 시간을 무한대의 다수가 공유할 수 있는 길이 열렸기 때문이다. 너무 짧은 시간에 타인의 모든 것을 대량으로 받아들이면서 우리는 상대방을 모방하게 됐고, 나아가 이젠 너와 내가 마치 한 몸처럼 움직이는 단계에까지 온 것이라고 보면 된다.

앞으로 우리는 경제에 대해 통찰할 때, 혹은 세상에 대해 통찰할 때 반드시 '우린 결국 하나로 뭉쳐질 거야'라는 사고를 견지하고 있어야 한다. 특히 어떤 사건이나 이벤트를 접했을 때 단일과 통합, 즉 '우리는 하나'라는 통찰 코드를 적용시켜야 한다. 가령 '세상이 하나로 뭉치려면 앞으로 이 사건은 어떤 식으로 흘러가야만 할까?'라는 물음을 견지한다면 자본주의 시스템이 가는 방향을 정확하게 잡아 낼 수 있을 것이다.

한편, 종교나 문화도 결국 자본주의 시스템의 구성요소라는 관점에서 보면, 여기에도 단일화 코드를 적용시켜 볼 수 있다. 가령 청교도 혁명이 그토록 치열했던 영국에서 이젠 기독교도보다 이슬람 신자가 더 많다는 사실이 그리 놀라운 일이 아닐 수 있다. '종교'에도 단일화와 통일화가 진행되고 있는 과정이기 때문이다. 심지어 유대교의 본고장인 이스라엘에서 그리스도, 즉 메시야의 존재를 인정하는 상황이 일어날 날도 멀지 않았다고 통찰해 볼 수 있다.

이뿐만이 아니다. 자본은 문화 영역에도 진입해 단일화의 도구로 활용하고 있다. 예를 들어 단일화 관점에서 보면 케이 팝(K-POP)에 열광하는 서구인들이 아주 자연스럽게 이해된다. 단일화와 통합화는 쉽게 말하면 '섞이는 것'이다. 이것, 저것이 뭉쳐 비빔밥이 될 때 단일화는 비로소 완성된다. 따라서 지금까지 미국과 유럽의 팝송이 일방적으로 아시아로 밀려왔다면 이제부터는 아시아의 그것이 서구를 향해 가고, 그들이 향유해야만 한다. 그래야만 제대로 섞을 수 있기 때문이다.

사악한 자본이 주도하는 공룡기업의 출현

자본주의 시스템하에서 이런 단일화, 통합화 추세가 가장 극명하게 드러나는 곳은 기업 부문이 될 것이다. 초대형 규모의 M&A(기업 인수 및 합병) 형식으로 국내 및 세계 기업들은 속속 뭉치고, 또 합쳐질 것이다. 어쩌면 향후 5년 내에 안 그래도 큰 굴지의 세계 기업들이 모두 연속적인 M&A를 통해 울트라 슈퍼 공룡기업으로 거듭날지도 모르겠다.

극단적으로 말하면 앞으로는 전 세계에 은행 그룹 3개, IT 관련 공룡기업 2개, 에너지 기업 3개 등만이 존재할 수 있다. 세계인이 모두 '로스차일드록펠러모건' 은행의 계좌만 갖고, '쉐보레폭스바겐도요타' 자동차만을 몰고, '카길네슬레몬산토'의 곡식만을 먹는 모습이 전혀 낯설지 않을 것이다.

현재 가장 많은 현금을 들고 있는 곳은 어디인가. 그렇다. 지난 2008년 이후 대한민국은 물론이고 미국, 유럽, 일본 등지에서 가장 많은 현금을 보유한 곳은 바로 기업이다. 2008년 말 금융위기가 터졌을 때 세계 각국 정부는 천문학적 규모의 돈을 풀었다. 그런데 기업들은 이 돈을 넙죽 받아가 놓고는 투자를 통한 고용창출이나 경제성장에 사용하지 않고 자신들의 금고에 꼭꼭 숨겨 놓았다. 경기가 좀처럼 회복될 것으로 보이지 않아 굳이 투자할 이유를 찾지 못했기 때문이다.

바로 이런 상황에서 M&A는 기업이란 경제 주체가 선택할 수 있는 좋은 해법이 된다. 이미 '검증된' 기업들끼리 연합해 몸집을 불린다면 투자 실패의 위험성이 낮아지기 때문이다. 선두기업이 후발주자를

M&A할 수도 있고, 비슷한 수준의 기업끼리 합병할 수도 있다. 또는 전혀 다른 업종의 기업과 합치는 사례도 등장한다. 이런 결합을 통해 궁극적으로는 단일화, 통합화로 나아가는 것이다.

그런데 자꾸 이런 식으로 기업들이 합쳐지면 심각한 경제 왜곡, 나아가 세상을 왜곡하는 결과를 초래할 확률이 높아진다. 혹시 '안드로이드 운영체제'의 구글이 휴대폰 제조업체 모토로라를 M&A했다는 뉴스를 들어 보았는가. 지극히 개인적인 생각이지만 이건 반칙이다. 독점적 지배력을 확보한 모바일 운영체제(OS)를 소유한 곳이 단말기까지 만들면 세상의 여타 IT 기업들은 이제 모두 이 '구글·모토로라' 연합전선의 노예가 될 수밖에 없다.

더 재미있는 건 이 대칭점에 또 다른 거인, 애플이 서 있다는 사실이다. 잘 알다시피 애플 역시 충성도 높은 OS와 단말기를 모두 만들고 있다. 자, 그런데 실은 이것은 매우 위험한 시추에이션이다. 우리네 IT 세상을 '애플'과 '구글'이 모두 장악해 버리는 꼴이 되기 때문이다. 이들이 알파와 오메가요, 처음과 끝이고, 시작과 나중이 되어 버리는 것이다. 앞서 살펴본 자본이 즐겨 쓰는 수법이 그대로 투영됐음을 알 수 있다.

앞으로 사악한 자본이 주도하는 이런 형태의 M&A는 계속 이어질 전망이다. 자동차업계, 금융업계, 철강, 조선업계 등등 동종 및 이종 간의 합병이 이어지면서 소수의 공룡기업들만 남아 경제를 이끌어갈 것이다.

그렇다면 이런 공룡기업 원톱 시대엔 어떤 일들이 펼쳐지게 될까. 우선 주가는 꽤 오를 것이다. 장기는 몰라도 중·단기로 보면 강한 상승 탄력을 받을 것이 확실하다. 참고로 말하면 주식시장은 옆집 철수네가 잘살고 못살고는 절대 중요하지 않다. 기업에 베팅하는 상품이기 때문이다. 서울역 노숙자가 5만 명으로 늘어도 기업들의 주가는 큰 폭으로 오를 수 있다.

반면 우리네 생활은 급속도로 획일화될 것이다(참고로 말하자면 자본이 가장 좋아하는 게 '획일'이다. 그리고 가장 싫어하는 건 '버그bug'다). 사람들이 소비를 통해 기업을 키우는 게 아니라 기업이 원하는 방향과 규모, 속도대로 사람들이 소비를 강요당하는 그런 세상이 올 것이다. 지금도 대기업들에 의해 콩나물에서부터 아파트까지 모든 것이 점령당하고 있지만 이젠 국경을 넘어 '위 아 더 월드(We are the World)'가 완벽하게 실현된다. 아마도 앞으로 전기자동차를 애용하게 될 텐데, 이때 브랜드는 '쉐보레+LG화학+도요타+오펠' 아니면 '다임러+바스프+삼성SDI+BMW' 중 양자택일해야 할지도 모른다.

이처럼 기업들이 통합해 공룡기업이 되고, 이런 공룡기업들 위에 군림하는 자본이 우리 생활을 지배하고, 그리고 인류가 획일화된다는 건 결국 '세계 단일 정부'의 기초를 닦는 일이 된다. 공룡기업을 통해 서울에 사는 철수, 런던에 사는 찰스, 중국의 처얼쑤, 미국의 찰리, 러시아의 짜알쯔, 아랍의 찰싼이 모두 비슷한 사고방식과 생활 패턴을 갖게 될 때 '정치 통합'에 대한 거부감은 크게 줄어들기 때문이다. 어쩌면 10년 내에 대한민국, 중국, 일본 등 개별 정부가 아시아 지역 정부로 통합되는 순간이 올 수도 있다. 이처럼 세계 단일 경제와 세계 단일 정부는 자본이 원하는 궁극의 지향점이다.

혹시 '세계 단일 정부'라는 것에 대해, 전 세계가 하나의 경제 체제와 정치 체제 하에 살아가는 게 좋은 것 아니냐는 질문을 던질 수도 있다. 글쎄…… 그게 그렇게 좋은 거라면 왜 하느님은 인간들이 세워 올린 바벨탑을 무자비하게 박살냈을까.

우리가 원해서 하나가 되는 것과 자본의 힘과 계획에 의해 하나로 뭉치는 건 전혀 다른 차원의 이야기이다. 이걸 착각하면 안 된다.

나는 유로존이 붕괴되기를 소망한다

지난 1993년 여름, 나는 배낭 하나를 둘러메고 유럽으로 향했다. 소위 '배낭여행'이었다. 1990년 해외여행 자유화가 시작되면서 한국 남자들은 군대를 다녀오지 않아도 외국에 갈 수 있게 되었고 당시 유럽 배낭여행은 선풍적 인기를 끌었다. 스위스 융프라우로 오르는 인터라켓 마을이 마치 이태원 같았을 정도였다.

난 그때 두 달 반 동안 유럽 15개국을 돌았다. 식빵에 잼을 발라 먹고 잠은 유레일(Eurail) 기차에서 때우는 초절정 헝그리 투어였지만 그 스무 살 시절의 경험은 아직도 유럽을 이해하는 데 큰 힘이 되고 있다.

그런데 이후 유럽은 아주 많은 것이 변해 버렸다. 잘 알다시피 1994년 이후 경제 통합과 단일통화체제가 정착됐기 때문이다. 내겐 아직도 유럽 각국을 돌아다니며 독일 마르크, 프랑스 프랑, 이탈리아 리라, 스페인 페세타 등을 바꾸던 기억이 생생한데 이젠 유로화 하나만 갖고 다니면 끝이다.

유로화가 처음 등장했을 때 많은 사람들은 긍정적이었다. 환전 비용이 사라졌고, 환율변동 리스크도 줄었다. 연일 단일 통화의 장점이 보도됐고, 아예 '세계 단일 화폐'를 만들자는 주장도 득세했다. 그러나 아무리 역사적 동일성을 갖는 유럽이라지만 정치, 경제, 문화, 인구구조 등이 상이한 나라가 화폐를 공유한다는 건 쉬운 문제가 아니었다. 누가 봐도 언젠가 큰 사건이 터질 수밖에 없는 아슬아슬한 '통합'일 수밖에 없었다.

그리고 지난 2010년 초, 드디어 일명 '돼지국가(PIGS : 포르투갈, 아일랜드, 그리스, 스페인)'들의 재정 부실 문제가 터졌다. 엄청난 빚을 졌는데 갚을 수 없게 된 것이다. 아예 EU의 경제 4위 국가인 스페인까지 구제 금융을 받을 정도까지 왔다.

냉철하게 보자면 유로존은 그 자체가 말도 안 되는 조합이다. 각국의 경제력 차이가 워낙 크기 때문이다. 메이저리그 10승 투수와 국내 프로야구 주전 포수, 대학 선발 유격수, 고교야구 1루수, 그리고 리틀야구단 외야수 등을 한데 묶어 야구팀을 구성하는 식이다. 얼핏 배터리만 보면 고개를 끄덕일 수 있지만 막상 게임에 돌입하면 플레이는 아주 엉망이 돼 버린다. 평범한 외야 플라이가 한심한 에러 때문에 모두 2루타로 이어지기 때문이다. 아무리 야구가 투수놀음이라고 해도 메이저리그 15승 투수 독일 혼자만으로는 팀을 승리로 이끌 수 없다. 주자가 한 명만 나가도 홈스틸이니까.

'극약처방'이라는 말이 있다. 지금 유로존, 나아가 유럽의 재정 위기 문제를 해결할 수 있는 유일한 방법은 극약처방뿐이다. 크게는 유로존을 다시 1990년대 초반으로 되돌리는 것이고, 작게는 그리스·스페인·포르투갈·아일랜드 등 일부 국가들이 유로존을 탈퇴해 유로화를 버리는 것이다. 반대로 아예 독일이 혼자 유로존 체제를 떠나는 해법도 그리 나쁘지 않다. 하지만 현재로선 '유로존 붕괴'는 매우 힘들어 보인다. 유로화를 버리고 다시 과거의 각국 통화를 사용하던 시절로 돌아가기엔 이미 너무 먼 길을 왔기 때문이다.

대신 유럽인들은 '정치 통합'의 길로 들어서는 모양새다. 경제만 통합시키니까 통제가 쉽지 않아 문제가 발생했으니 이젠 정치까지 완전히 묶어야 한다는 이야기이다. 계기는 바로 '재정 통합'에서 비롯된다. 각 유로존 국가 정부가 재정(예산)을 통합한다는 건 누가 봐도 결국 정치 통합으로 나아가는 것과 같은 뜻이다. 이렇게 되면 이미 문화공동체인 유럽이 경제 통합에 이어 정치 통합까지 이루는 그야말로 '완전한 통합'이 완성된다.

따라서 최소한 이 과정까지는 자본의 지시를 받는 유럽중앙은행(ECB)은 그리스, 스페인, 이탈리아, 네덜란드, 벨기에, 기타 힘들어 하는 국가들에 유로화를 대놓고 쏟아 부으면서 억지로 빚 폭탄을 막아 내려 할 것이다. 따라서 유럽의 진짜 위기는 최소한 법적으로 완전한 통합이 확정된 후 찾아올 가능성이 높다.

이처럼 최근 이뤄지고 있는 유럽 통합의 마무리 과정은 스스로 원한 것이 아니라 '빚'이라는 굴레 때문에 어쩔 수 없이 선택한 것이다. 그래서 실제로 유럽이 완전한 하나가 될 때는 이미 자본이 유럽에, 유럽인들에게 평생 갚아도 갚을 수 없는 빚 족쇄를 덜컥 채워 버린 후일 것이다. 그러면 이제 그들에겐 노예의 길만 남는다.

그래서 나는 유로존이 지금이라도 붕괴되기를 강력하게 소망한다. 힘들더라도 지금은 억지로 합쳐질 시기가 아니라 갈가리 찢어질 타이밍이다. 지금 붕괴되면 나쁘긴 해도 최악은 아니다. 아니면, 만약 유럽인들 스스로 진정으로 합쳐지길 희망한다면, 우선 빚을 갚는 데 총력을 기울여야 한다. 재정 통합 논의는 그 후에 해도 늦지 않다.

하지만 현실은 너무 안타깝다. 유럽인들은 자신의 빚을 스스로 갚을 생각은 안 하고 단일화나 통합 같은 방법으로만 해결하려고 한다. 채권자 자격을 얻은 자본의 되치기가 얼마나 잔인한지 유럽인들은 곧 뼛속 깊이 체감할 것이다.

디지털의 고리를 끊어 내자

향후 단일화, 통합화, 그리고 획일화의 과정은 비단 경제 영역뿐 아니라 우리 생활 여러 방면으로 깊숙이 스며들어 빠르게 진행될 것 같다. 물리적 공간 개념으로 봤을 때도 전 지구적으로 펼쳐질 가능성이 높아 보인다.

그런데 이런 통합과 단일화의 과정은 기술적 측면에서 '디지털 월드(digital world)'와 병행한다. 디지털은 자본주의 시스템의 언어이다. 우린 무조건 0 아니면 1 중에 선택해야 한다. 3이라고 대답했다가는 매트릭스에서 도태된다.

무엇보다 디지털 월드에선 우리가 눈으로 본 것과 귀로 들었던 것만

이 진실이 된다. 즉, 이 세계에선 아무도 어떤 행동의 속내를 들여다보지 않는다는 말이다. 그 누구도 어떤 행동의 진정성에 대해 깊이 고민하지 않는다. 자본이 진짜 좋아하는 인류의 모습이라고 할 수 있다.

가령 CCTV에 포착된 몇 장면으로 모든 것이 단박에 정의되는 것이 대표적이다. 다단계에 빠진 여자 후배를 보고 너무 마음이 아파 뺨을 때렸지만 대중에겐 연약한 여자를 폭행한 쓰레기로 비춰진다. "여자를 때린 건 사실 아니냐?"고 몰아치면 물론 할 말은 없다.

또한 처참한 아프리카 아이들의 모습에 너무 가슴이 아파 담배를 길게 빨아들인 여배우는 아이들 앞에서 담배나 피워 대는 골초 패륜녀로 인식될 뿐이다. 아무도 왜 여자의 뺨을 때렸는지 관심도 없고, 그 순간에 왜 담배를 피워야 했는지 알고 싶어 하지 않는다. 설령 이유와 진심을 알아도 인정하지 않는다.

이는 디지털 월드에서 발생하는 전형적인 오류이다. 특히 디지털 월드에서는 필연적으로 인식의 획일화가 이어지기 때문에 우리의 사고 체계는 단단하게 굳어 버린다. 아무도 생각하려 하지 않고, 통찰이란 걸 할 필요도 느낄 수 없다.

혹시 간단하고 깔끔해서 좋다고 말할 수도 있겠다. 그러나 그것은 진실이 아니다. 진짜 0과 1밖에 없다면 이거야말로 더할 나위 없이 깔끔한 일이다. 하지만 분명히 3도 있고, 7도 있고, 9도 버젓이 존재하는데 우리에게 무조건 0 아니면 1 중에서 선택하라고 한다면 이것은 강제적인 통제이다.

그렇다고 디지털 온라인이 인간과 인간 사이를 더 긴밀하게 연결시켜 준 것도 아니다. 얼핏 그런 것처럼 보이지만 실상은 직접적인 인간관계를 단절시켜 사람들의 외로움을 증폭시켰고, 사고를 멈춰 버리게 해 수많은 '생각하지 않는 사람들'을 양산해 냈을 뿐이다.

이런 흐름 속에서 우리가 가져야 할 대응 방법은 역설적이지만 '아날로그'적 삶을 놓치지 않는 자세이다. 지금부터는 가족, 친구, 선후배, 선생님과 더 진솔한 인간적인 관계를 맺어야 한다. 메신저를 주고받을 게 아니라 전화를 걸고 직접 만나 눈을 마주보고 이야기를 나누어야 한다. 현실 세계의 진짜 경험에 몰두해야 한다.

물론 디지털에게 압도당할 수밖에 없을 것이다. 그래도 최소한의 아날로그 관계를 끌고 가야만 한다. 그래야만 획일화되어 가는 자본주의 사회 속에서 인간됨을 유지하며 살아갈 수 있다.

지난 1980년대에 우리는 너와 내가 힘을 합쳐 세상을 좋게 만들어 보려고 했다. 하지만 이런 '위 아 더 월드'는 이제 모두가 똑같이, 의무적으로 통일되고 단일화된 삶을 유지해야 한다는 쪽으로 변해 가고 있다. 내용은 사라지고 형식만 남게 된 것이다.

다시 한 번 말하지만 이런 현실에서 버텨 내려면 단일화와 통합화의 '주범(?)'인 디지털의 고리를 일정 부분 끊어 내고 아날로그의 끈을 이어가려는 노력이 필요하다.

07_ 은행은 돈을 빚으로 만들었다

자본은 은행을 통해 모든 돈에 빚을 심어 놓았다.

▰자본은 이해심 많은 선생님 10명 밑에서 활동하기보다 엄하고 무서운 호랑이 선생님 1명을 선택한다. 해먹기는 후자가 훨씬 쉽다는 걸 이미 알고 있는 거다.

07_ 은행은 돈을 빚으로 만들었다

자본은 은행을 통해 모든 돈에 빚을 심어 놓았다.

'가계 빚 1,000조 원 시대'와 관련해 주택담보대출 문제를 담은 방송을 했을 때였다. 방송이 끝난 후에 나는 은행 쪽 관계자와 제법 심한 논쟁을 했다.

시작은 '전셋값 상승'에 대한 코멘트 때문이었다. 나는 결국 은행만 돈 버는 거라고 그랬다. 단적으로 말하면 세입자는 은행에서 전세자금대출을 받아 집주인한테 주고, 집주인은 이 돈을 갖고 주택담보대출 받은 것 충당하는 데 사용하고 있어 결국 은행만 가만히 앉아 세입자와 집주인 모두에게 이자를 받아 챙긴다는 이야기였다. 하지만 이 관계자는 "왜 부동산 문제를 갖고 은행에다 화풀이하는 겁니까?"라고 화를 냈다.

난 이어 대출금리에 대한 쪽으로 화제를 돌렸다. 난 잘 알고 있다. 우리는 친구에게 돈 빌려줬다 받지 못해 잠 못 자고, 보증 섰다 패가망신하지만 은행은 결코 당하는 법이 없다는 사실을 말이다. 난 조금 고급스럽게 "변동대출금리든 고정대출금리든 은행은 모든 금리 변동 위험을 고객에게만 전가시킨다"고 공격했다. 이건 팩트이다. 은행은 손해나는 장사를 절대 하지 않는다. 하지만 상대는 "(변동금리는 몰라도) 고정금리의 경우 금리 변동 위험을 은행이 전적으로 떠안는다"고 맞섰다.

얼핏 맞는 말 같다. 아니 틀림없는 사실이다. 한 은행이 30년간 연 6% 고정금리로 대출을 해줬다고 해 보자. 그런데 갑자기 금리가 폭등해 기준금리가 연 10%대로 올랐다면 은행은 상대방에게 싸게 돈을 빌려주는 셈이니까 그만큼 손해를 봐야 한다.

하지만 한 번 더 생각해 보면 이건 허울 좋은 변명일 뿐이다. 왜냐하면 과거 역사상, 국내에서뿐 아니라 전 세계 어디에서도 변동금리가 고정금리보다 높았던 적은 단 한 번도 없기 때문이다. 무슨 말인가 하면, 은행들은 사전에 이런 위험을 알고 있어 고정금리에 이미 마진을 잔뜩 붙여 놓고 있다. 그래서 만에 하나 앞서와 같은 상황이 현실화되어도 이미 챙겨 둔 게 많아 손실을 최소화할 수 있다. 만약 은행이 정말 손해를 보는 것이라면 처음부터 변동금리와 고정금리 수준이 비슷해야 그나마 동정을 받을 수 있다.

이뿐만이 아니다. 대출을 받으러 가면 직원들은 아예 "어차피 고정금리는 이율이 높으니까 변동금리로 돈 빌리세요"라며 고객을 유인한다. 알다시피 변동금리로 돈을 빌리면 은행은 단 1%의 위험도 지지 않는다. 금융당국이 금리를 올리면 따라서 대출이자율을 더 많이 올리고, 금리를 내리면 그보다 조금 내리면 된다. 금리 인하기에는 손실 아니냐고? 천만의 말씀이다. 이렇게 되면 자신(은행)들이 자금을 조달하는 비용도 함께 떨어지기 때문에 대출이자율을 내려도 충분히 남길 만큼 남길 수 있다.

자본의 선봉에 선 은행

은행은 누가 뭐래도 자본이다. 자본이 지금의 위치에 오르는 과정에서 무소불위의 힘을 갖게 된 핵심이 바로 은행이라고 할 만큼 은행과 자본과의 관계는 끈끈하고 밀접하다. 때로는 '은행=자본'이라 불려도 될 만큼 그들은 한 몸이요, 암수동체이기도 하다.

JP 모건, 록펠러, 로스차일드 등도 모두 은행가 가문이다. 자본의 똘마니 노릇을 하고 있는 투자은행(IB : Investment Bank) 역시 '은행'이라는 이름을 달고 있다. 특히 현재 자본과 가장 밀접한 관계라는 — 때론 자본의 하수인이라는 비판도 받는 — 미국의 중앙은행이자 세계의 중앙은행이라고 해도 과언이 아닌 FRB(미국연방준비제도이사회) 역시 은행이라는 '탈'을 쓰고 있다. 심지어 국내에서 대형 사고를 쳤던 '저축은행'도 은행이라는 이름 때문에 온갖 탈법과 비리가 가능했다고도 볼 수 있다.

그런데 과거에 은행 시스템을 기반으로 성장했던 자본의 위상이 많이 달라졌다. 과거엔 은행과 한 몸을 이루면서 성장해 왔지만 이젠 자본이 직접 전 세계 은행을 손에 쥐고 흔들면서 자신들의 뜻대로 세상을 움직이고 있다. 그래서 요즘엔 자본이 뭔가 프로젝트를 펼칠 때 은행은 그 선봉에 서거나 때로는 보급대의 역할을 수행하고 있다.

한번 물어 보겠다. 은행은 좋은 곳인가? 아마도 지금은 꽤 많은 사람들이 은행의 실체를 잘 알고 있어서 10명 중 절반은 '아니오'라고 말할 것이다. 그래서일까. 자본은 언젠가부터 우리에게 이런 식의 질문은 던지지 않는다(참고로 말하면 내가 초등학교 다닐 때까지만 해도 난 은행이 정말 좋은 곳이라고 배웠다).

이번엔 이렇게 물어 보겠다. 저축은 좋은 것인가? 아마도 10명 중 9명, 혹은 10명 중 10명은 "저축은 정말 좋은 것입니다!"라고 답할 것이다. 심지어 자본 스스로 주식 투자는 투기일 뿐이고 차곡차곡 저축하는 것이 진짜 올바른 행동이라며 세간의 분위기를 몰아가기도 한다.

자, 그런데 우린 어디에 저축을 할 수 있는가? 그렇다. 바로 '은행'이다. 그래서 종종 저축과 은행을 동일시하는 경향이 생기고, 알게 모르게 우린 좋은 저축을 가능케 하는 은행도 역시 좋은 곳이라 착각하는 상황이 발생한다. 그리고 자본은 바로 여기를 파고든다. 이건 자본의 전형적인 속임수 패턴이다. '저축은 좋은 것'이라는 개념을 슬쩍 '은행은 좋은 곳'으로 바꿔 우리를 설득하는 수법이다.

지난 2011년에는 한 해 동안 저축은행과 관련된 온갖 비리들이 뉴스에 연일 쏟아졌다. 당시 여당과 야당 모두 저축은행 사태 책임 떠넘기기에 급급했는데 이때 "도대체 어느 정권부터 문제가 잘못된 건가"라는 원죄 추궁에 있어 이명박, 노무현, 김대중, 나아가 박정희 대통령 시대까지 올라갔다. 이때 한 가지 명확한 점은 저축은행 사태는 분명 '명칭'과 연관이 있다는 사실이었다.

저축은행은 과거 '상호신용금고'로 불리던 곳이다. 그런데 이 금고가 어느 틈에 은행이 된 것이다. '금고'와 '은행'이 주는 심리적 차이점은 누구도 부인할 수 없다. 실제로 저축은행이 일종의 '은행'으로 불리게 되면서 대중들은 기존 은행에 부여하던 신뢰와 믿음을 저축은행에도 부여했다. 그리고 악덕 범죄자들과 그들을 부리는 자본은 이런 대중의 믿음을 철저하게 희롱했던 것이다.

다만, 이때 은행과 은행원을 동일시하는 우를 범해서는 안 된다. 이건 병원과 의사와의 관계와 같다. 돈은 의사가 버는 게 아니라, 병원이 벌고 자본이 버는 거다. 하지만 자신에게 비난이 몰릴 때 자본은 종종 의사를 앞에 내세우고 자기는 홀연히 숨어 버린다. 마치 기독교를 무너뜨리려 할 때 저질스런 성추행 목사를 타깃으로 삼는 것과 비슷한 전략이다. 마찬가지로 자본은 곧 찾아올 최악의 경제 위기 순간에 세간의 증오와 분노를 은행이라는 시스템이 아닌 은행원에게 돌릴 가능성이 높다. 여기에 속아서는 안 된다.

예대마진과 지급준비율, 그리고 봉이 김선달

우리는 모두 은행을 신뢰한다. 주식 투자는 도박이라고, 부동산 투자는 투기라고 비난하지만 은행 저축만큼은 모든 재테크의 귀감이요

모범이라고 평가하고 있다. 하지만 은행 마진 창출의 이면을 살펴보면 '은행=절대선'이란 등식에 고개를 갸우뚱거릴 수밖에 없다.

은행의 존재 가치는 딱 2가지를 통해서 완성된다. 첫째는 예대마진이고, 둘째는 지급준비율이다. 그런데 이 예대마진과 지급준비율에 대해 잠깐만이라도 심도 있게 생각해 보면 누구나 무릎을 칠 수밖에 없다. 왜냐하면 너무 완벽한 전략이기 때문이다. 질 수도 없고, 망할 수도 없는 그런 신기한 전법이다. 과연 자본이구나 싶다. 심지어 은행이 망해도, 은행을 죽여 놓고도 자본은 산다. 아니, 단순히 사는 정도가 아니라 오히려 더 대박이 터진다.

예대마진 : 먼저 '예대마진'에 대해 살펴보자. 은행 수익 창출의 기본은 바로 예대마진에서 시작된다. 예대마진이란 은행의 예금이자와 대출이자의 차이에서 발생하는 수익을 뜻한다. 쉽게 말해 은행은 예금이자는 적게 주고, 대출이자는 많이 받으면서 가만히 앉아서 수익을 챙긴다는 것이다. 구체적인 은행 업무는 조금 복잡할지 몰라도 이처럼 수익모델은 아주 간단하고 명확하다.

우리는 어릴 때부터 돈 생기면 은행에 저축해야 한다고 배웠다. 나는 1,000원만 생겨도 은행에 가서 저금해야 하는 줄 알았다.

반면에 우리는 늘 돈이 부족하다. 1년 뒤엔 1,000만 원 정도는 분명히 생길 것 같은데 지금은 돈이 없다. 하지만 쓸데는 많다. 그래서 어디선가 돈을 빌려야 하고 결국 은행을 찾게 된다. 누가 봐도 먹고살 만한 형님이나 누나가 돈 좀 빌려주면 좋으련만 이들은 단돈 10원도 빌려주지 않는다. 결국 찾아갈 곳은 은행뿐이다.

이처럼 은행에는 태생적으로 돈을 맡기려는 사람과 빌리려는 사람이

끊이지 않는다. 그래서 은행의 예대마진 역시 영원히 계속될 것이다. 정말이지 망하고 싶어도 망할 수가 없는 구조다.

"대출과 관련해 돈 떼일 위험을 은행이 감내하지 않느냐?"라거나 "대출 심사에 얼마나 많은 분석과 고유의 노하우가 필요한지 알고는 있느냐?" 하고 반문할 수도 있다. 하지만 절대 그렇지 않다. 웬만한 대출들은 모두 담보를 잡는다. 게다가 담보가액 평가는 늘 보수적이고(실제보다 낮게 책정하고) 이것도 모자라 혹시 모를 위험에 대비해 20% 정도 더 많이 담보를 잡아 버린다.

담보가 없는 신용대출은 얼핏 위험해 보이지만 꼭 그렇지도 않다. 가령 담보가 없을 경우를 대비해 은행은 신용등급이란 것을 만들고 활용해 자기들끼리 공유한다. 이자를 잘 낼 놈, 잘 낼 것 같은 놈, 잘 내게 만들 수 있는 놈, 내기는 낼 놈, 안 낼 놈, 못 낼 놈 등으로 등급을 매긴 후 등급에 따라 엄청난 이자폭탄을 투여해 버린다. 신용등급을 확인해 '과거(?)'가 있으면 아예 대출도 안 해 준다. 이런 행태를 보고 있으면 은행들이 대출과 관련해 리스크 운운할 자격이 있나 하는 생각까지 든다.

초등학교 시절부터 대학교 때까지 우리는 은행들이 기업에 대출을 해 줘 대한민국의 산업을 살리고, 경제를 발전시키는 초석이 된다고 배웠다. 그래서 우리의 돈(예금)을 갖고 마치 자기 것인 양 활개치는 은행(자본)이 그리 밉지는 않았다. 하지만 어른이 돼서 직접 은행을 취재해 봤더니 이 또한 문제가 있었다. 이론과 현실에는 상당한 괴리가 존재했기 때문이다.

단적으로 말해 기존의 잘난 기업은 돈 빌리기가 쉽고, 검증이 안 된

기업은 대출 자체가 불가능한 상황이 속출하고 있다. 무슨 이야기냐 하면 '잘될 놈'에게 돈을 대주는 게 아니라 이미 '잘된 놈'에게 더 많은 돈을 빌려주는 상황이 연출됐다는 뜻이다. 따라서 잠재력을 보유한 기업들은 은행보다 차라리 주식시장이 자금조달에 있어 더 긍정적이다.

지급준비율 제도 : 이번엔 은행들의 '지급준비율'이라는 제도를 살펴보자. 이것은 나중에 설명할 금본위 제도와 관계가 있어 정확하게 이해할 필요가 있다. 자본이 우리를 빚의 노예로 만드는 대표적인 수법이기 때문이다.

은행은 고객이 돈을 찾을 것을 대비해 예금의 일정 부분을 중앙은행에 맡겨둬야 하는데, 이때 지급준비금의 적립 비율을 지급준비율이라고 부른다.

얼핏 합리적인 제도로 보인다. 하지만 여기에는 봉이 김선달이 대동강 물을 팔아먹는 것과 크게 다르지 않은 일종의 '속임수'가 숨어 있다. 무엇보다 이 지급준비율 제도 때문에 대중에게 돈은 무조건 빚이 되어 버렸다. 모든 돈은 빚을 지고 있기 때문이다.

가령 은행은 전체 예금의 10%만 보관하면 된다고 법률(지급준비율)로 정했다고 해보자. 그러면 A은행은 대중이 예금한 100억 원 중에서 10억 원만 남기고 나머지 90억 원을 돌릴 수 있게 된다. 그리고 이 90억 원에 대한 이자를 챙긴 후 다시 그 금액의 10%만 남기고 다시 돈을 돌리고, 이런 과정을 반복한다.

이뿐만이 아니다. 이때 B은행은 또 다른 사람들이 예금한 100억 원뿐 아니라 A은행이 굴렸던 90억 원을 대출받은 사람들 중 일부가 올린 수익을 다시 예금으로 받게 된다. 그리고 이제 B은행은 앞서 A은행과 같은 무한대의 돈 굴리기를 계속한다.

여기서 끝나지 않는다. 이제 C은행은 A은행, B은행이 만들어 준 혜택을 누리면서 — 결국에는 자신도 다른 은행에 혜택을 준다 — 바꿔 말하면 지급준비율 제도를 지속적으로 활용하면서 끝 모를 수익 남기기를 지속한다.

이에 대해 경제학자들은 종종 화폐창출이니, 신용창출이니, 예금통화 승수니 하는 어려운 용어를 섞으면서 긍정적인 측면을 부각시킨다. 하지만 잠깐만 생각해 보면 누구나 알 수 있을 것이다. 이런 지급준비율 제도를 소유한 은행은 그냥 앉아서 돈 버는 거라는 사실을 말이다. 속된 말로 은행 면허만 따면 게임은 끝나는 것이다.

특히 이 지급준비율 제도로 인해 모든 돈은 빚을 지게 되었다. 분명 발행된 돈은 1억 원밖에 없는데 시중에는 100억 원, 1000억 원, 1조원이 돌고 있는 '기현상'이 발생하게 된다. 결국 최초 발행된 1억 원을 제외한 나머지 돈은 모두 언젠가는 갚아야 하는 '빚'인 것이다. 그리고 이 돈을 소유한 대중은 그 자체로 빚쟁이가 되어 버린 것과 같다.

물론 은행도 망할 수가 있다. 한날한시에 A라는 은행에 모든 고객들이 몰려가 자신들의 예금을 인출할 경우 A은행은 그 자리에서 파산이다. 쉽게 말해 지급준비율 10%라고 하면 100명 중 먼저 은행에 달려간 10명 정도만 돈을 받을 수 있고 나머지는 모두 예금을 떼이게 된다. 그러나 이때 은행이 망한다고 자본도 같이 망한다고 생각하면 안 된다. 자본은 은행을 이용해 따라잡을 수 없는 부를 은행 밖에 재화와 서비스로 확보해 놓았기 때문에 은행이 망해도 그 피해는 예금자들이나 혹은 전혀 관계없는 일반 대중이 나눠 지게 된다.

한 국가의 통화량을 조절하는 콘트롤 타워, 중앙은행 제도 역시 생각해 볼 부분이 많다. 가령 금본위 제도라면 어느 정도 확실한 기준이 있다. 보유한 금만큼 돈을 찍어 내니까 말이다. 1달러의 가치는 금의 양으로 환산돼 누구든 명확하게 파악할 수 있다. 하지만 현재 중앙은행은 통화량 조절에 굉장히 자의적이다. 더 정확하게 말하면 기축통화인 달러를 소유한 미국 중앙은행인 FRB의 결정에 따라 세계 각국 중앙은행이 움직인다고 보면 된다.

현재 미국에서 달러를 찍어 내는 기준은 바로 달러 자신이다. 그래서 달러는 무조건 찍어 내기에 바쁘고 1달러의 실질가치는 50센트, 30센트, 아니 어쩌면 1센트 밑으로 추락하고 있다. 그런데 이것은 우리를 자신의 의도와는 상관없이 빚쟁이로 만든다. 1달러를 가진 사람은 그 순간 1달러가 갖고 있는 빚을 자신이 지게 되는 것이기 때문이다. 우리를 빚의 노예로 만들어 지배하려는 자본의 속임수가 빛을 발하는 순간이다.

이런 속성 때문에 상당수 음모론자들은 은행 중 최고 우두머리 은행이자, 달러를 찍어 내는 미국의 FRB를 곱지 않은 시선으로 바라본다. '자본의 하수인'이라는 것이다.

1913년 12월 연방준비제도법(Federal Reserve Act) 통과와 함께 설립된 FRB가 본격적인 인정을 받은 건 1930년대 대공황을 거치면서부터다. 그때 혹독한 배고픔에 떨던 미국인은 이렇게 외쳤다고 한다.

"제발, 제발, 돈 좀 찍어 주세요. 돈 좀 뿌려 주세요."

끝까지 침묵하던 FRB는 그제야 활동을 개시했고 대중으로부터 자연스럽게 권위를 얻었다. 자본이 세계의 은행을 손에 넣으며 무한대의 돈을 소유하게 된 순간이었다.

평소엔 시장논리, 급하면 정치논리

특히 은행은 시장논리와 정치논리가 동시에 통용되는 곳이다. 시장논리와 정치논리를 양손에 쥔 채 그때그때 자신이 유리한 대로 자유자재로 구사할 수 있다(사악한 자본이 구사하는 패턴이 여기서도 반복되고 있음을 알 수 있다).

은행 대출과 관련된 이자율을 살펴 보자. 이건 지극히 시장논리로 책정된다. 신용등급 1등급인 사람은 대출금리가 아주 싸다. 떼일 위험이 적기 때문이다. 반면에 신용등급이 내려갈수록 금리는 급등한다. 연체 확률이 높기에 위험을 상쇄하기 위해 은행은 높은 금리를 제시하는 것이다. 심지어 신용등급 7~8등급 이하는 제1금융권에서는 아예 대출이 불가능하다.

당연하게 느껴진다. 분명 우리가 지금까지 배운 경제논리로 보면 한 은행을 꾸준히 이용하고, 착실하게 저축도 하고, 알뜰살뜰 카드를 사용한 사람은 당연히 낮은 금리로 대출을 받아야 한다. 또한 신용등급이 나쁜 사람은 그에 상응하는 '대가(?)'를 치러야만 마땅하다는 생각도 든다.

하지만 일부 경제학자들은 정반대의 논리를 말하기도 한다. 신용등급이 낮고, 빚을 갚기 어려운 사람일수록 대출이자를 낮춰 주어야 한다는 주장이다(신용등급이 좋은 사람에게 이자를 더 받자는 건 아니다). 신용등급이 낮다는 건 생활이 어렵거나 경제적 약자라는 뜻이기에 일단 저렴한 이자율로 돈을 빌려줘야 갚을 확률이 높아지기 때문이다. 환상 속의 주장만도 아니다. 방글라데시의 그라민(Grameen) 은행은 이를 실천에 옮겼고, 설립자인 유누스는 2006년 노벨평화상까지 수상했다.

분명 "경제적 약자는 빚 갚을 능력이 떨어져 돈 떼일 위험이 높기 때문에 비싼 이자를 물려야 한다"고 말할 수 있다. 그러나 이 또한 단순 논리에 지나지 않는다. 왜냐하면 경제적 약자들은 거의 소액대출이어서 피해 규모 역시 매우 적기 때문이다. 역사적으로 보아도, 국내 은행에서 돈 떼먹어서 한국경제 자체를 힘들게 했던 사람들이 경제적 약자였던가? 아니다. 나라 경제 책임진다는 허울 좋은 핑계를 대며 저금리로 엄청나게 돈을 대출받았던 기업(또는 사람들)이었다. '위험'으로 따지면 이들의 위험이 훨씬 더 크다.

그런데 은행은 꼭 시장논리만 구사하지 않는다. 정작 중요한 순간에는 정치논리를 들고 나와 당면한 문제를 해결하는 속성을 지니고 있다. 잘 알다시피 현존하는 대한민국 은행들은 대부분 부실 경영, 방만 경영으로 최소한 1회 이상 공적자금을 수혈받았다. 국민들의 혈세로 은행들이 명맥을 유지해 왔던 것이다. 바로 '은행이 망하면 경제가 흔들리고 나라가 망하기 때문에 은행을 어떤 식으로든 살려야 한다'는 논리가 득세한 결과이다. 불과 어제까지 시장논리 운운하다 한순간 정치논리로 뒤바뀌는 것이다.

물론 여기에서 당국의 감시 책임을 들고 나올 수 있다. 은행을 잘 감독만 하면 별 문제는 없지 않느냐는 지적이다. 사실이다. 실제로 어떤 국가에서든 은행이란 곳은 무조건 '권력'의 눈치를 본다. 모든 은행은 국가적 차원의 깐깐한 통제를 받기 때문이다. 서로가 서로를 잘 알고 있는 것이다. 권력은 이미 은행이란 비즈니스가 땅 짚고 헤엄치기란 걸 알고 있고, 은행은 감독 당국이 조금만 융통성을 주면 이익이 순간적으로 눈덩이만큼 커질 수 있다는 사실을 말이다.

그러나 현실에선 바로 이 부분이 역효과를 나타낸다. 가령 봉이 김선달을 감시할 사람이 1명이다. 물론 이 1명이 자신의 책임을 다하면 되겠지만, 역설적으로 이 1명만 김선달을 눈감아 주면 이것만큼 쉬운 비즈니스가 또 없다. 벌써 국내에서만 수십 년에 걸쳐 나타나는 은행의 사건 사고, 부정부패 문제는 바로 이런 구조 때문이었다. 유일한 '심판자'가 당국이기에 '공생(?)'하고 '상부상조(?)'하는 폐단이 더 자주 발생하는 것이다.

특히 이런 감시체계는 자본이 가장 좋아하는 구조이기도 하다. 자본은 이해심 많은 선생님 10명 밑에서 활동하기보다 엄하고 무서운 호랑이 선생님 1명을 선택한다. 해먹기는 후자가 훨씬 쉽다는 걸 이미 알고 있는 거다.

'먹고 땡'에 익숙해지자

그러나 우리는 이 은행을 어떻게 할 도리가 없다. 일각에선 '은행을 떠나자'는 구호도 나오고 있지만 결코 은행의 영향권에서 벗어날 수가 없다. 비단 돈을 안전하게 보호해 준다거나, 인플레이션에도 못 미치는 쥐꼬리만한 규모이지만 예금에 대한 이자를 주기 때문이 아니다. 은행이 힘을 갖는 건 역설적이게도 바로 '대출' 때문이다.

현실에서 상대적으로 낮은 금리로 돈을 빌릴 수 있는 확률이 높은 곳은 은행밖에 없다. 요즘 CMA 계좌를 통해 시중 증권사들이 파워를 키우고 있다고 해도 돈을 빌려주는 여신업무 앞에서는 은행에 꼬리를 내릴 수밖에 없다. 증권사 대출은 주식담보대출이 유일한데, 안 그래도 위험한 주식을 담보로 하는 데다 금리수준도 높아 감히 제1금융권 은행 대출에 명함도 내밀 수 없다. 보험업계의 약관대출도 한계가 있다. 이처럼 아이러니컬하게도 은행에 칼을 쥐어 준 지급준비율 제도 때문에 우리 역시 이 은행을 떠날 수가 없게 된 것이다.

'대출 안 받으면 되잖아?' 하고 반문할 수 있지만 그건 그리 쉬운 문제가 아니다. 아무리 죽을힘 다해 인생을 살아도 대출이 필요한 순간이 예외 없이 찾아오기 때문이다. 그리고 이때 은행의 '자비(?)'를 맛보면 정말이지 은행의 존재 의미에 대해 토를 달 수 없게 된다. 자본의 하수인이고 뭐고 할 것 없이 은행은 정말 좋은 곳이라는 생각밖에 안 든다.

따라서 지급준비율 제도를 다 뜯어 고칠 수 없다면, 은행에 대해 좀 더 현명하게 대응해야 한다. 자본을 상대하는 방법과도 비슷한데 결론부터 말하면 우리는 은행을 사랑하거나 아낄 필요가 없다. 그렇다고 은행을 미워하거나 배척해서도 안 된다. 맞서 싸우려 해도 안 된다. 자본과 싸워 이길 수 없듯 은행도 마찬가지이기 때문이다. 대신 은행으로부터 최대한 빼먹을 만큼 빼먹겠다는 자세가 필요하다. 은행에서 돈을 잘 빌려서 잘 활용하면 된다.

물론 말처럼 쉬운 일이 아니다. 은행에서 낮은 금리로 돈 빌리기는 굉장히 힘들다. 또한 돈 빌린다고 모든 게 끝나지도 않는다. 대출이자 이상의 수익을 내기가 정말 어려워졌기 때문이다. 무엇보다 부동산 시장이 기조적 하락세로 접어든 터라 대출을 일으켜 대박을 터뜨릴 확률이 낮아졌다. 그렇다고 주택을 담보로 대출받아서 공격적인 주식 투자를 할 수도 없다. 잘못하면 '빚의 함정'에 빠질 위험도 그 어느 때보다 크다.

하지만 잠깐 생각을 전환해 보면 꼭 대출을 통해 큰 수익을 남겨야만 제 맛은 아니다. 언제 다가올지 모르는 경제적 위험의 순간에 합리적 가격(이자율)을 지불하고 대출을 받아 위기를 넘길 수 있다면 그것으로도 대출의 가치는 충분하다.

분명 자본은 우리에게 빚의 '올가미'를 씌우려 할 것이다. 돈 더 빌려 가라고, 빨리 대출 갚지 말고 나하고 조금만 더 달콤한 사랑을 하자고 유혹할 수도 있다. 그러나 이때는 이를 악물고 뒤도 안 돌아보고 자신의 빚을 갚아야 한다. 이처럼 우리가 조금만 더 정신 차리고 있으면 자본이 파 놓은 함정을 피해갈 수 있고, 그래서 생존한다면 승리는 결국 우리의 것이다.

은행은 절대 착한 놈이 아니다. 자본의 핵심 부하라고 해도 과언이 아닐 만큼 오히려 나쁜 놈 쪽에 가깝다. 하지만 완전히 은행을 떠나 살기엔 은행이 차지하는 존재감이 너무 막대하다. 어차피 인생이란 게 좋은 놈하고만 살 수 있는 것도 아니다. 그래서 우린 '먹고 땡'의 자세를 가져야 한다. 먹을 건 먹고 챙길 건 챙긴 후, 여지를 남기지 않고 떠나야 한다. 무엇보다 참 다행히도 은행은 현상과 데이터만을 바라볼 뿐 "나 정말로 사랑해?"라고 묻지는 않는다.

08_ 워렌 버핏은 1%야, 아니면 99%야?

성장이든 분배든, 신자유주의든 수정자본주의든,
그것은 모두 자본주의 시스템의 일부이다.

― 어설픈 감정이나 정의로운 척으로 접근하면 누구보다 자본이 가장 좋아할 것이다. 그렇게 되면 우리에게 돌아오는 건 복지자본주의가 아닌 자본복지주의일 뿐이다.

08_ 워렌 버핏은 1%야, 아니면 99%야?

성장이든 분배든, 신자유주의든 수정자본주의든,
그것은 모두 자본주의 시스템의 일부이다.

자본주의 시스템은 기본적으로 '성장'을 목표로 하고 있다. 그렇다면 만약 분배를 강조하고 복지에 심혈을 기울이면 자본주의 시스템의 근간이 흔들리게 될까? 아니다. 그렇지 않다. 성장도 자본의 것이고, 분배 또한 자본의 영역에서 펼쳐진다. 마치 알파와 오메가처럼 성장과 분배는 모두 자본의 손아귀에 있다고 봐야 한다.

특히 자본은 속임수에 능하다. 성장이 필요한 시점에는 우리를 분배의 길로 인도하고, 정작 분배가 절실히 요구되는 상황에서는 어서 빨리 성장해야 한다고 우리를 몰아치는 식이다. 이뿐만이 아니다. 방향을 제대로 잡아도 실전에서는 전혀 엉뚱한 일을 하게 만들어 버린다. 성장한다면서 열심히 일했는데 알고 보니 자본의 하수인들만 배부르게 만들었다거나, 제대로 된 분배 정책을 편다며 너도 나도 희생했는데 오히려 무고한 중산층에게만 부담이 왕창 돌아가는 식이다.

이렇게 생각해 보자. 신자유주의가 그렇게 나쁜 건가. 신자유주의를 때려잡고, 국가가 시장에 개입하고, 수정자본주의를 따르면 자본은 꼬리를 내리는가. 신자유주의를 외쳤던 정치인들을 다 감옥에 보내고, 학자들을 다 학교에서 쫓아내고, 금융회사들에 막대한 벌금을 매기고 활동을 제한하면 되는 건가. 그러면 지금 우리 젊은이들의 취업 문제가 해결되고, 빈부격차가 줄어들고, 빚에 찌든 내 경제생활이 자유로워지는가. 장담컨대 신자유주의를 없애고 다시 1930년대 미국 대공황 당시의 케인즈 주의로 돌아가자고 하면, 가장 먼저 기뻐 날뛸 장본인이 바로 자본이다.

한때 재벌 2, 3세들이 고상한 척, 프로페셔널인 척 몰두했던 '빵집 사업'이 한순간 문을 닫게 된 적이 있었다. 대한민국의 심각한 부의 양극화, 이코노믹 디바이드(economic divide)가 바로 재벌가 빵집 철수의 이유가 됐다. 재벌가 자제들의 1% 고급 빵집이 99% 동네 빵집을 다 망하게 했다는 논리로 여론은 재벌 빵집을 질타했다.

그런데 이 사건 후 영국의 파이낸셜 타임즈(FT)는 「한국, 재벌과의 빵 싸움(South Korea : bun fight with the chaebol)」이란 사설에서 조금 다른 시각을 견지했다. FT는 '핵심을 놓쳤다'면서 '한국 정치인들은 심각한 이슈에 대해 비효율적인 처방을 내리는 묘한 재주가 있다'고 지적했다.

그렇다. 재벌가 빵집을 쫓아낸 건 분명 동네 빵집을 살리기 위해서였다. 그런데 속내를 들여다보니 동네 빵집을 죽인 건 소수의 재벌 빵집이 아니라 대형 프랜차이즈 체인점의 영향이 훨씬 컸다는 사실이다. 실제로 재벌 빵집이 문을 닫아도 동네 빵집은 부활하지 못하는 역설적인 상황이 나타나고 말았다. 바로 프랜차이즈 빵집이 여전히 승승장구하고 있기 때문이다.

그런데 왜 우리들은 재벌 빵집이 문을 닫고 창피를 당하는 것에 기뻐하고 카타르시스를 느끼는 것일까. 이건 상황을 1% 아니면 99%로 나눠 판단하는 '1% 대 99%'라는 논리의 태생적 한계에서 찾아볼 수 있다. 1%와 99%의 프레임에선 이부진 호텔 신라 사장의 빵집은 1%로, 파리바게뜨의 SPC 그룹은 99%로 나눠지기 때문이다. 그래서 1%를 때려잡을 수는 있지만 대형 프랜차이즈는 교묘하게 빠져나가고, 결국 사라진 동네 빵집을 되돌릴 수는 없다(참고로, 특정 프랜차이즈를 비난하고픈 생각은 추호도 없다).

실제로 자본은, 자본주의 시스템은 이 1%와 99% 논리를 스스로가 가장 좋아하고, 또 가장 효과적으로 사용한다. 이렇게 한번 물어 보겠다. 자본은 1%인가, 아니면 99%인가. 자본이니까 당연히 1%라고? 자본이니까 99%에 속한다고? 그렇지 않다. 자본은 1%이면서 동시에 99%이기도 하다.

"유태계 금융 새끼들, 싹 다 죽여야 해!"

지난 2008년 말 세계 금융위기가 터졌을 때 국내 빌딩 부자들은 상당 기간 최악의 나날을 보냈다. 500억 원 하던 빌딩 담보가치가 300억 원 정도로 급락하자 은행들이 일부 대출 회수를 요구했고, 단기 유동성 부족에 빠진 빌딩 부자들은 현찰이 없어 이리 뛰고 저리 뛰어 다녔다. 멀쩡한 빌딩을 빼앗기는 절체절명의 위기 속에서 벤츠를 끌고 다니면서 기름 값 10만 원이 없어 쩔쩔매는 모습이 연출되기도 했다. 이런 상황에서 이들은 이렇게 불만을 쏟아냈다.

"유태인 나쁜 놈들. 지네들은 서브 프라임 모기지로 많이 해먹고 쏙 빠져 버렸네. 하여튼 유태인은 싹 다 죽여야 해."

분명 시가 500억 원대 빌딩 소유자는 누가 뭐래도 경제적 1%이다. 그런데 당사자는 정작 유태계 거대금융자본 앞에서 스스로를 99%로, 경제적 약자로 평가하는 것이다.

현재 대한민국은 물론 전 세계적으로 경제적인 양극화가 아주 뚜렷하게 나타나고 있다. 부자는 더 잘살고, 가난한 사람은 더 힘들어졌다. 특히 중산층이 붕괴되면서 양극화는 회복이 불가능할 정도로 그야말로 극한으로 치닫고 있는 상황이다.

바로 이런 이코노믹 디바이드 속에서 등장한 것이 1% 대 99%의 논리이고 일명 '월가를 점령하라(occupy wall street)' 운동이었다. 정상적인 방법으로는 빈부의 격차(divide)를 도저히 좁힐 수 없기에 극단적인 방법으로 모순과 부조리를 정상적이고 이해 가능한 수준으로 되돌리자는 취지이다. 한마디로 '자본을 때려잡자!'는 것이다.

그간 자본이 보여 왔던 교활함을 기억한다면 이런 대응법도 그리 나쁘지는 않아 보인다. 개선이라는 것도 여지가 있을 때 말해 볼 수 있는 것이다. 점진적인 개선이 불가능하다면 결국 판을 뒤엎어 버리는 마지막 수단을 강구할 수밖에 없다.

하지만 이코노믹 디바이드를 극복하려 할 때 우리는 몇 가지 측면을 좀 더 고려해 볼 필요가 있다. 그렇지 않으면 자본에게 오히려 되치기를 당할 수 있다. 골드만삭스 빌딩을 폭파시키겠다고? 자칫 무고한 희생자만 수없이 만드는 결과를 초래할 수 있다.

일단 감정적이면 안 된다. 목표가 뚜렷해야 한다. 아무데나 분노를 표출하고 화를 풀려는 게 아니라 양극화 구조를 바꾸는 게 핵심이라는 걸 명심해야 한다. 돈 많은 사람을 창피 주는 것에서 카타르시스를 느끼는 건 지극히 유아적인 발상이다. 오히려 자본은 이 상황을 더 심각한 사회적 갈등으로 몰아가며 속으론 낄낄거리며 웃고 있을 것이다.

매번 상황을 주관적으로, 상대적으로 해석하는 오류도 피해야 한다. 상대적으로 사건을 바라보면 1%와 99%는 사건과 사례마다 지속적으로 바뀐다. 이렇게 되면 매번 선의의 피해자가 발생할 수밖에 없고, 정작 때려잡아야 할 대상은 그때마다 약자로 둔갑해 대중 속에 숨어 버릴 것이다. 뭘 하긴 한 것 같은데 결과를 보면 아무것도 바뀐 것이 없는 상황이 되어 버린다.

지속적으로 갈등을 유발시키는 세력도 경계해야 한다. 앞서 말한 것처럼 자본은 갈등을 좋아한다. 가장 사랑하는 것이 갈등이고 분열이다. 따라서 99%의 입장을 대변하는 리더는 현실을 냉철하게 짚어 내는 능력의 소유자여야 한다. 이런 리더가 '아고라'에서 마이크를 잡아야 한다.

"난 1%도 아니지만 99%도 아닌데요?"

집을 소유하면 1%인가? 전세 살면 99%이고? 아니다. 이렇게 단정을 지으면 안 된다. 3억 원대 자가를 소유한 사람과 7~8억 원대 전세를 살거나 매달 400만 원의 월세를 사는 사람을 떠올리면 된다.

그러면 강남에 약 8억 원대 집을 갖고 있는 사람은 1%인가? 이것도 마찬가지로 내막을 살펴야 한다. 요즘 상당수의 유주택자는 대출이자에 허덕대는 하우스 푸어이기 때문이다. 투기꾼으로 몰아붙여 당해도 싸다는 식의 비판은 현재 옳지 않다.

최근 1% 대 99% 논쟁에서 가장 답답한 사람들은 '자수성가'로 부를 일구어 낸 계층이다. 죽어라 일하고, 아끼고, 저축하고, 룸싸롱 안 가고, 고민하고, 노력해 3~4억 원대 집을 사고 주말엔 가족과 함께 자가용을 몰고 펜션으로 놀러가는 사람들. 이런 사람들은 참 애매한 위치에 있다. 하고 싶은 말은 많은데 뭐라 나서지도 못한다. 워낙 사회 계층 갈등의 골이 깊어진 터라 무슨 말이라도 했다가 1%로 낙인 찍혀 비난받을 것이 두렵다.

하지만 또 꾹 참고 있자니 가슴이 터질 것도 같다. 자신은 그렇게 노력해 여기까지 왔는데, 평소에 돈 펑펑 쓰고 인생 막 살면서 "집 있는 사람이 세금 왕창 내라"고 주장하는 옆자리의 동료가 얄밉기 때문이다.

요즘은 어떤 상황에서도 3대 '척'을 해야 한다고 한다. 첫째는 없는 척을 해야 하고, 둘째는 잘 모르는 척을 해야 한다고 한다. 마지막 세 번째는? 바로 '위하는 척'이다. 상대가 누구든 간에 위하는 척, 위로하는 척을 해야 무난히 사회생활을 할 수 있다는 이야기이다.

중산층이 빠르게 무너지고 있다지만 우리 사회에는 그래도 1%도 아니고 99%도 아닌 다수의 사람들이 존재한다. 이들은 사회의 허리이고, 누구보다 큰 목소리를 내야 할 계층이다. 또한 무엇보다 이들이 바로 자본이 가장 무서워하는 대중 계층인 것도 사실이다. 하지만 어떤 이유에서인지 이들은 없는 척, 모르는 척, 위하는 척을 하면서 고개를 숙이며 숨어 지내려고만 한다. 아무도 되는 것과 안 되는 것, 해야 할 것과 말아야 할 것을 말하지 않는다. "없어요" "난 잘 몰라요" "많이 힘드시죠?" 등을 시의적절하게 섞을 뿐이다.

분명 이코노믹 디바이드는 심각한 문제이고 전 세계적으로 반드시 극복해야만 한다. 하지만 이 문제를 푸는 과정에서 종종 나타나는 오류가 있다. 바로 '팩트'를 놓치는 실수다. 현실을 이야기해야 하며 사실에서 시작해야 한다. 이걸 놓치면 고급 차를 타고 명품 옷을 입은 연예인은 사회문제에 대해 말 한마디 할 수 없게 된다. 투자자이면서 동시에 세계 3대 신용평가사인 무디스(Moody's)의 최대주주라는 말도 안 되는 — 팬티를 다 벗겨 살펴본 후 투자하는 격이다 — 위치에 있는 '투자의 귀재' 워렌 버핏을 '버핏세' 하나로 무조건 영웅 대접하는 성급함을 갖게 되는 것이다.

하지만 일반 대중이 이런 냉철함을 견지하기는 말처럼 쉽지가 않다. 무엇보다 그간 억울하게 당한 것이 많아 인간이라면 누구나 감정적으로 접근할 수밖에 없다. 그래서 리더가 중요하다. 앞으로 이코노믹 디바이드를 극복할 리더는 현실을 이야기하는 사람이어야 한다. 갈등을 만드는 데 능숙한 리더는 곤란하다. 얼핏 전자는 겁쟁이로, 후자는 용자(勇者)로 대중에게 다가오겠지만 절대 그렇지 않다. 우리에게 필요한 리더는 낮은 목소리로 현실을 말하며 몸으로 직접 묵묵하게 행동에 옮기는 사람이다. 자본이 가장 싫어하고 꺼려 하는 리더 스타일이다.

복지를 향한 경주는 시작되었다

앞으로 최소한 10년간 대한민국의 최고 화두는 단연 '복지'가 될 것이다. 시대 흐름상, 또한 경제의 성숙도 측면에서 한국은 분명 복지에 대해 심각하게 고민할 때가 됐다. 특히 복지는 자본과 펼치는 치열한 한판 승부이기도 하다. 무슨 이야기인가 하면, 자본은 '복지'라는 이슈로 우리를 무너뜨리고 노예화시킬 수도 있지만 반대로 우린 복지를 통해 자본의 덫에서 벗어나 자유롭게 생존할 수 있다는 것이다. 그러니까 복지는 자본주의 시스템과 그 안에서 살고 있는 우리 대중이 동시에 선택한 하나의 해법이 됐다. 서로 다른 목적을 갖고 있긴 하지만. 이미 경기는 시작됐다. 쏘아 놓은 화살이 어디로 향할지는 이제 마지막 과녁을 통해서만 확인된다.

요즘 복지를 얘기하면 정의로운 사람처럼 보여서인지, 많은 사람들이 복지를 너무 쉽게 말한다. 하지만 복지는 기본적으로 예산이고, 지출이고, 더 노골적으로 말하면 돈이다. 그 어디에도 돈 없는 복지는 없다. 그런데 늘 그렇듯 돈이 엮이게 되면 문제는 참 고약해진다. 혹자는 "복지가 뭐가 힘들어? 돈 많은 놈들한테 세금 거두면 되잖아!"라고 한다. 맞는 말이다. 그래서 아예 "복지는 세금이다"라는 말도 있다.

하지만 여기서부터 문제는 또 수십, 수백 가지로 나뉜다. 돈이 얼마나 많아야 돈 많은 계층이 되는지, 그럼 이 사람들에게 세금은 얼마나 많이 매겨야 하는지, 이들은 과연 세금을 순순히 낼지 등 참 복잡해진다. 이뿐만이 아니다. 복지 예산을 어떻게 집행할지도 문제다. 얼마나 어려운 사람을 도와야 할지, 어느 부분까지 커버해야 복지인지, 실업수당은 월 50만 원이 적당한지 200만 원은 돼야 하는지 등 의견은 다시 갈린다.

월급이 100만 원인 사람은 월급 300만 원 이상 받는 사람이 복지예산 마련에 더 많은 기여를 해야 한다고 주장한다. 하지만 월급 300만 원 받는 사람은 절대 동의할 수 없다. 이들은 월급 500만 원 이상은 돼야 한다고 본다. 그럼 월급 500만 원 이상 받는 사람은 기뻐하면서 세금을 척척 낼까? 결코 아니다. 이들도 자신이 낸 돈보다 더 많은 복지 혜택을 받으려 하지 본인의 희생을 감수하면서까지 대한민국을 복지사회로 만들고 싶어 하지는 않는다(그렇지 않은 사람도 분명 존재한다).

그래서 복지사업을 펼치려 하면 항상 툭탁툭탁할 수밖에 없다. 돈 문제가 얽혀 있어서 그렇다. 이런 점 때문에 복지 정책은 극히 몇몇 국가를 제외하고는 자본에게 다 털리고 '빚쟁이'로 전락하는 스토리로 결론을 맺는다. 거의 대부분의 남미 국가는 세금 없는 복지 정책 때문에 성장은 물론 효율적인 분배도 이뤄 내지 못했다. 그리스, 스페인, 프랑스 등 남유럽 국가들도 예외는 아니다. 이들이 영원히 갚지 못할 수도 있는 빚더미에 오른 건 조세정책에 구멍이 뚫려 탈세가 횡횡하고 연금정책 등 일부분의 부정부패 때문이라고들 하지만 결과적으로 복지가 이 모든 책임을 뒤집어 쓸 수밖에 없다.

그런데 현재 대한민국에 있어 복지는 선택이 아닌 필수가 됐다. 이번에 닥칠 세계적인 경제 위기는 어쩌면 단순한 경기침체 수준이 아닐 수 있기 때문이다. 지난 1930년대 미국 대공황을 뛰어넘을 정도로 처절할 수도 있다. 바로 이런 상황에서 복지는 대한민국에게 한줄기 빛이 된다. 무엇보다 미국과 유럽의 몇몇 나라는 이미 엄청난 복지정책을 실시하다가 나가떨어졌지만 우리에게 복지는 히든카드로 남아 있다는 게 강점이다. 아직 한 번도 제대로 복지를 해 보지 않았기 때문에 그만큼 무한한 잠재력이 있다.

특히 현재로선 미국과 유럽경제가 모두 죽을 쑤고 있어 우린 결국 '내수'를 통해 경제 엔진을 가동해야 한다. 우리끼리 판을 벌려 놀아야 한다는 뜻이다. 그런데 내수를 살리려면 조금은 비경제학적인 방법인 나눔밖에는 없다. 1,000억 원이 있으면 한 50억 원은 그냥 내던져야 한다. 그래야 이 돈을 받은 사람들이 돈을 쓰고 소비하면서 경제를 돌릴 수 있다. 까놓고 말해 국내 대기업들은 그간 엄청난 비경제학적인 혜택을 받아 왔다. 이제 이들이 돈을 풀어야 한다. 이것만 성사시킨다면 우린 이번에 찾아올 거대한 공황을 버텨낼 수 있다. 잔인한 자본이 파놓은 함정을 피해갈 수 있다. 복지는 그래서 당위인 것이다.

경제는 돌고 돌아야 한다. 고이지 않고 돌아만 간다면 위기는 와도 불황으로 막아 낼 수 있고, 불황이 오더라도 공황은 막아 낼 수 있다. 그런데 복지를 '제대로만' 하면 우리 힘으로 경제를 돌릴 수 있고, 이렇게 되면 주도권을 자본이 아닌 우리가 가질 수 있다. 아예 '복지자본주의'라는 말도 나왔다.

다만, 이번 복지를 놓고 펼치는 자본과의 전쟁에서 꼭 기억해야 할 사실이 있다. 바로 '가난하고 약한 사람을 위해서' 또는 '노블리스 오블리제' 따위의 연민이나 동정을 절대적으로 버려야 한다는 것이다. 처절하리만치 냉혹해야 한다. 선악 구도로 몰아가면 안 된다. 그래야만 승산이 있다. 어설픈 감정이나 정의로운 척으로 접근하면 누구보다 자본이 가장 좋아할 것이다. 그렇게 되면 우리에게 돌아오는 건 복지자본주의가 아닌 자본복지주의일 뿐이다.

09_ 세금은 자본의 무기가 아니다

이 세상에 죽음과 세금 외에 확실한 것은 아무것도 없다.

▬ 세금은 실은 자본의 무기가 아니라, 바로 우리가 자본에 맞설 수 있게 해 주는 우리의 강력한 수단이다.

09_ 세금은 자본의 무기가 아니다
이 세상에 죽음과 세금 외에 확실한 것은 아무것도 없다.

복지와 관련된 익숙한 논쟁 중 하나.
"남미나 남유럽이 지금 왜 저렇게 망가졌는지 아십니까? 바로 복지 포퓰리즘 때문입니다."
"말도 안 되는 소리! 복지 때문에 망한 게 아닙니다. 부자들에게 세금을 제대로 걷지 않아서 그런 겁니다. 그걸 왜 복지 탓으로 돌립니까?"
그렇다. '복지는 세금이다'라는 말에서 알 수 있듯이 세금만 제대로 걷어도 복지와 관련된 다양한 문제를 단박에 해결할 수 있다.
그러나 이게 말처럼 쉽지가 않다. 지나가는 사람 10명을 붙잡고 물어보라. 그가 부자든 거지든, 종교인이든 교육자든, 사장이든 샐러리맨이든, 그 누구 하나 세금을 많이 내고 싶어 하지는 않는다. 심지어 법에 따라 명확한 과세를 하는 현실 속에서도 대부분 '제대로' 내고 싶어 하지 않는다. 다들 과하다고만 생각할 뿐이다.

아마도 이런 이유 때문에 적극적으로 복지 정책을 시도한 많은 국가들이 의도와는 상관없이 실패하는 길을 간다. 솔직히 말해서, 복지가 어려운 게 아니라 세금이 어렵다. 세금을 걷는다는 것, 정말이지 결코 쉬운 문제가 아니다.

자본의 행동대장 역할을 하는 국가

이미 상당수 진보경제학자, 인문사회과학자, 재정학자 등에 의해 철저하게 밝혀진 자본의 속임수 중에 '인플레이션 세금(inflation tax)' 또는 '조용한 세금'이라는 것이 있다. 자본이 인플레이션을 통해 부지불식간에 대중으로부터 세금을 뜯어간다는 이야기이다.

거의 모든 국가(정부)는 국채를 발행한다. 국가 재정은 항상 부족하기 때문이다. 그리고 이 채권을 팔아 돈을 빌리거나, 이것을 담보로 돈을 찍어 낸다. 그런데 바로 여기서부터 본격적인 인플레이션 세금 전략이 시작된다.

생각해 보자. 돈은 찍어 내면 찍어 낼수록 화폐 가치가 떨어지게 된다. 자연스럽게 인플레이션이 일어나는 것이다. 따라서 우리가 손에 쥐고 있는 현금 1억 원의 실질 가치는 9,000만 원, 8,000만 원, 7,000만 원으로 점점 떨어질 수밖에 없다. 그런데 잘 생각해 보면 이것은 곧 채무자인 정부의 빚 부담이 감소한다는 의미이다. 명목 부채 1억 원은 그대로이지만 실질가치는 지속적으로 하락하기 때문이다.

자, 그렇다면 인플레이션으로 인해 사라진 1,000만 원, 2,000만 원, 3,000만 원 등은 어디로 간 것일까? 그렇다. 바로 세금이다. 우리들은 전혀 세금을 냈다고 생각하지 않지만 말 그대로 '인플레이션'을 통해서 '조용히' 화폐 발행 주체에게 세금을 낸 셈이 된다.

실은 이 인플레이션 세금의 역사는 꽤 오래 전으로 거슬러 올라간다. 혹시 '세뇨리지(seigniorage)'라는 말을 들어 보았는가. 세뇨리지란 화폐를 만드는 비용과 실제 가치와의 차액을 말한다. 고대 왕정에선 예외 없이 이 세뇨리지를 적극 활용했다. 예를 들자면 다음과 같다.

한 제국의 황제가 100원 가치의 금화를 만들어 백성들에게 사용하라고 공급한다. 하지만 금화에 불순물을 살짝 섞어 제조비용을 90원으로 한다면 황제는 가만히 앉아서 10원의 이익을 확보할 수 있게 된다(백성들은 100원 가치의 금화를 받는 순간 이미 10원을 세금으로 갖다 바친 것이다).

게다가 세뇨리지는 단순히 몇 번으로 끝나지 않는다. 돈(금화)을 더 많이 찍어 낼수록, 또한 제조 비용(실질 가치)을 떨어뜨릴수록 수익은 눈덩이처럼 불어난다. 결코 멈출 수 없는 치명적 유혹이다. 실제로 금화, 은화에 막대한 양의 구리를 혼합하는 방식은 널리 사용됐으며 로마제국 황제들은 재정이 부족할 때면 화폐 크기를 줄이거나 주화에 구멍을 내는 방식을 사용했다.

그런데 이 인플레이션 세금, 그리고 세뇨리지는 자본이 시스템을 유지하기 위한 독특한 테크닉이라고 봐야 한다. 이걸 단순히 대통령이나 황제가 자신의 잇속을 챙겼다고 결론 내리면 곤란하다. 오히려 이 돈들은 자본주의 시스템을 돌리기 위한 운영비로 사용됐다고 이해해야 한다.

로마 황제 콘스탄티누스는 재임 기간 동안 최고의 생활을 누렸을지는 모른다. 그러나 생전에 그가 세뇨리지로 우리에게 빼앗은 세금을 모두 사용하지는 못했으며, 그의 죽음과 함께 그 돈들이 모두 사라진 것도 아니다. 그는, 그리고 현재의 국가 정부는 단순히 자본의 행동대장 노릇을 하고 있을 뿐이다.

부자 증세도 자본의 뜻인가

연봉 10억 원과 1억 원, 1,000만 원인 사람이 모두 똑같은 세율에 따라 세금을 내야 한다고 하면 요즘 사람들 10명 중 9명, 아니 10명 모두가 "불공평하다" "불공정하다"고 말할 것이다. 단적으로 말하면 부자들은 많은 돈을 벌기에 세금을 더 내야 공정하다는 의미를 담고 있다. 일명 '부자 증세' 문제이다.

솔직히 말해 이 부자 증세는 당연한 거다. 부의 축적에 대해 개인의 노력이나 재능, 운 등에 대한 프리미엄을 인정해야 하는 거 아니냐고 주장할 수 있지만 '절대' 그렇지 않다. 그 어떤 부의 축적도 결국 사회적인 배려와 혜택을 수반하고 있기 때문이다.

지난 15세기 봉건시대부터 18세기 중반까지의 초기 자본주의(early capitalism) 시기엔 거의 모든 세금이 정액제였다. 내는 세금의 양이 모두 똑같았다. 당시 자본의 입장에선 이런 형태의 세금이 반드시 필요했기 때문이다. 초기 자본주의 시스템에서는 부자와 가난한 자, 있는 자와 없는 자 등 극단적인 차이가 벌어져야만 했다. 그래야만 부자는 더 부를 챙기려고 발버둥을 칠 것이고, 없는 자는 부자가 되려고 죽도록 일하거나 아니면 부자에 대한 증오를 품어 부자들에게 또 다른 '걱정거리'를 떠안길 수 있기 때문이다.

자본의 의도는 들어맞았다. 초기 자본주의 이후 빈부 격차는 심화됐고, 양극화라는 구도가 만들어졌다. 그리고 일정 시간이 지난 이후 조세 제도는 점차 개선됐고 이젠 전 세계가 한 목소리로 누진세(progressive tax)를 외친다. 소득금액이 커질수록 높은 세율을 적용해야 한다는 분위기가 정착되고 있으며, 이는 '부자 증세'란 프레임으로 하나의 트렌드를 만들어가고 있다.

하지만 여기서 우리가 짚고 넘어가야 할 부분이 있다. 부자에게 많은 세금을 부과하면 이것이 곧 자본주의 시스템을 약화시키는 것이라고 착각하는 것이다. 오히려 '부자 증세'는 자본주의 시스템을 공고히 하는 수단이 된다. 왜냐하면 자본이 그동안 없는 자와 약한 자를 짓밟았다면 이제부터는 있는 자와 가진 자까지 몰락시키려고 마음을 먹고 있기 때문이다. 단적으로 말해, 없는 사람의 것은 털어 먹을 만큼 먹었으니 지금부터는 있는 놈의 것까지 완전히 빼앗아 자기 밑에 굴복시키려는 의도를 갖고 있는 것이다.

혹시 "부자 증세를 하면 어쨌든 그 돈은 없는 사람에게 올 것이 아닌가요?"라고 반문할 수 있다. 그렇다. 분명 그렇게 돼야 옳다. 하지만 이와는 정반대로 가난한 사람들의 노동을 더 혹독하게 착취하는 계기가 될 수도 있다. 자본은 부자들에게 빼앗은 돈을 대중의 눈앞에 대고 흔들며 "이거 갖고 싶으면 따라와 봐"라고 달리기 경주를 시킬 지도 모른다.

이제 곧 스페인·이탈리아·포르투갈·네덜란드·영국·미국 등 한때를 풍미했던 과거의 제국들에 살고 있는 부자라는 사람들이 호되게 당하는 시간이 찾아오게 될 것이다. 참 역설적이게도 이 계획을 추진하는 주체는 바로 자본이며, 자본은 바로 '세금'이라는 무기를 사용할 것이다.

세금은 죽음만큼 피할 수 없어야 한다

미국 건국의 아버지이자 독립선언서를 기초했던 벤자민 프랭클린은 이렇게 말했다.

"이 세상에 죽음과 세금 외에 확실한 것은 아무것도 없다(In this world nothing can be said to be certain, except death and taxes)."

바로 이거다. 세금과 관련된 그 어떤 담론도 결국 이것만한 게 없다. 만약 우리가 적어도 세금에 있어 자본에게 휘둘리지 않으려면 이 말의 속뜻을 정확히 실천에 옮겨야 한다.

"땅 열 마지기 가진 이에게 쌀 열 섬을 받고, 땅 한 마지기 가진 이에게 쌀 한 섬 받겠다는데 그게 차별이오?"

이런 식의 발상이 멋져 보이는가? 정의로워 보이고, 왠지 울컥하는가? 참 안타깝지만 이런 식의 접근은 그야말로 자본에게 되치기 당하기 딱 좋다.

지금 우리가 진짜로 전력을 다해 집중해야 할 부분은 바로 '세금을 제대로, 얄짤없이 거두는 일'이다. 죽음만큼이나 피할 수 없을 정도로 세금에 대한 확실성을 부여해야만 한다. '아무도 세금을 피할 수 없다'는 걸 우리네 DNA 속에 정확히 박아 두고 있어야 한다.

탈세가 횡행하는 한, 그리고 조세 저항을 막을 효과적인 방법을 제시하지 못하는 한 세금과 관련된 그 어떤 논쟁도 공허한 메아리에 불과할 뿐이다. 부자와 가난한 자에게 모두 똑같이 받아 내는 부가가치세가 그렇게 나쁜 세금인가. 지금 우리나라처럼 탈세가 횡행하는 현실에선 부가가치세만큼 조세정의(tax justice)에 가장 부합하는 세금도 없다.

2011년 말 현재 남유럽 국가 이탈리아의 소득세는 40%가 넘는다. 하지만 국가 재정은 파탄 나기 직전이고, 지하경제 규모는 국내총생산(GDP)의 17.5%나 된다. 병원에 가면 의사와 환자가 진료비를 두고 협상을 한다. 의사는 엄청난 세금을 내느니 환자에게 세금의 절반 정도를 할인해 주고, 환자는 이를 받아들이는 조건으로 현금 거래나 기타 진료비 조작에 동의해 준다.

그렇다. 복지 때문에 망한 국가는 없다. 엄밀히 말하면 다 세금 때문에 망한 것이다. 복지를 하려면 많은 세금이 필요하고, 그러면 세금을 많이 거둬야 하기에 국가는 강도를 높이게 된다. 그런데 그러면 그럴수록 사람들은 세금을 회피하는 기가 막히는 수법들을 개발하고, 그 결과 복지 관련 예산은 집행되지만 세금이 채워지지 못해 재정이 파탄 나는 수순이다.

세금은 실은 자본의 무기가 아니라, 바로 우리가 자본에 맞설 수 있게 해 주는 우리의 강력한 수단이다. 세금을 놓고 우리끼리 싸울 게 아니라, 세금을 갖고 바로 자본과 싸워야 한다.

10_ 자본은 아파트 때문에 패배할 것인가

자본은 영원한 '지주(地主)' 자리에서 결코 내려오지 않을 것이다. 심지어 지구상의 모든 부동산이 붕괴된다 해도.

정말 아파트 가격이 반값이 될 수도 있다. 하지만 그때 그 물량을 다 거둬들이는 세력은 과연 누가 될까. 그리고 물량을 확보한 후 부동산 시장의 문법을 전세에서 월세로 바꿔 버리는 세력은 누구일까.

10_ 자본은 아파트 때문에 패배할 것인가

자본은 영원한 '지주(地主)' 자리에서 결코 내려오지 않을 것이다.
심지어 지구상의 모든 부동산이 붕괴된다 해도.

이번 장에서 하고 싶은 이야기는 대한민국 아파트의 미래에 대한 것이다. 요즘 거의 모든 부동산 전문가들이 한목소리로 "대한민국 부동산 투자는 끝났다"고 말한다. 이 중 절반은 "더 급락할 가능성이 매우 높다"고 주장한다.

자, 그럼 여기서 질문. 부동산이 무너지면 자본도 타격을 받는 것인가. 일본 부동산 거품이 터졌을 때, 미국에서 서브 프라임 모기지 사태가 발발했을 때 정녕 자본도 함께 치료가 힘든 깊은 내상을 입었는가.

자본은 언제든, 어떤 식으로든 이긴다

사람들은 의사가 돈을 잘 번다고 한다. 주위를 둘러봐도 그렇다. 대부분 의사들은 돈을 잘 번다. 그런데 사실 돈은 자본이 더 번다. 그 병

원이 위치한 빌딩 임대업자가 최고로 잘 번다는 것이다. 대부분의 의사들은 죽어라 일하지만 임대업자들은 가만히 앉아서 매달 꼬박꼬박 임대료를 챙긴다.

그러나 임대업자들을 만나보면 이야기가 또 다르다. "공실이 나면 손실이 엄청나다"면서 "돈은 은행이 다 챙긴다"고 하소연한다. 빌딩을 구입할 때 대부분 대출을 받는데 이에 대한 담보대출이자를 매달 은행들이 가져간다는 것. 그리고 보면 은행은 손해를 보지는 않는다. 불황기에 빌딩 가격이 폭락해 담보 가치가 떨어지면 그만큼 돈을 갚으라고 강요하고, 말 안 들으면 경매로 넘겨 자기 몫을 확실히 챙겨간다. 결국 자본은 뭐가 어떻게 되든 늘 승리하는 것이다.

대한민국 부동산의 결론도 결국 비슷한 경로를 따라 갈 것이다. 우리가 정신 차리지 않으면 자본은 영원한 '지주(地主)' 자리에서 결코 내려오지 않을 것이다.

대한민국의 아파트는 '기억' 이다

1975년부터 1979년까지 대한민국의 도시 집값은 연 평균 33.4%가 올랐다. 이 시기에 집 한 채 사 둔 사람과 그렇지 않은 사람이 맞이한 1980년대는 완전히 다른 것이었다. 따라잡기 힘든 부의 격차가 만들어지는 시발점이었다.

이어 그 유명한 대한민국 아파트 가격 폭등이 시작됐다. 일례로

1988년 서울올림픽 때부터 1990년대 초까지 서울 아파트 가격은 매년 16%씩 올랐다. 통계청의 당시 전국 집값 상승률을 보면 ▲88년 13.5% ▲89년 14.6% ▲90년 21.0%에 달했다. 정말 말도 안 되는 급등이었다. 주식도 아닌 부동산이다.

당시 사람들은 "세상이 미쳤다"고 했다. 몇 년간의 평균이 아니라 매년 15% 이상 올랐기 때문에 5년만 지나면 두 배가 오르는 '따블'이 됐다. 4,000만 원을 주고 산 아파트가 5~6년 만에 8,000만 원이 됐다는 뜻이다. 강남에는 따블과 따따블이 속출했고, 1990년대 초반까지 강남에 입성한 사람과 그렇지 못한 사람 사이엔 커다란 강이 생겼다. 아무리 절약하고 열심히 일해도 따라잡을 수 없는 차이가 만들어졌다.

그런데 지난 2006년 여름, 대한민국 부동산은 다시 한 번 더 미쳤다. 전국 아파트 가격 상승률은 연 20%를 넘었고 서울 아파트의 경우 40% 급등에 육박했다. 2002년부터 2006년까지 이어졌던 국내 부동산 가격 상승기가 정점을 찍은 것이다. 강남의 경우 2001년 말 2억 원이었던 25평 아파트가 2006년 여름에는 5억 원대까지 뛰어오르는 기염을 토했다.

인간의 기억은 참 무섭다. 이건 논리로 설명할 수 없다. 가령 초등학교 시절 한 친구에게 매일같이 두들겨 맞았던 사람은 어른이 돼서도 그 친구에게 주눅이 든다. 현재 자신은 180센티미터에 근육질 몸이고, 그 친구 녀석은 작은 키에 왜소하다고 해도 그건 중요한 게 아니다. 머리로는 지금 붙으면 한 방에 때려눕힐 수 있다고 자신하지만 몸이 움직여 주지 않는다. 모든 게 기억 때문이다.

아파트도 마찬가지다. 현재 대한민국에서 1980년대 이후에 태어난 친구들을 제외하고 모든 국민에게는 부동산, 더 정확히 말해 '아파트'에 대한 또렷한 기억이 있다. 마치 유전자 구조처럼 아파트에 대한 추억들이 이중 나선 구조 모양으로 줄줄이 꿰어져 있는 것이다. 그래서 우리나라 국민들은 결혼을 하면 내 집 장만을 위한 종자돈을 모으려고 죽어라 애쓴다. 애를 낳은 후에는 대출을 받아 아파트 한 채를 마련한다. 그리고 10년간 대출을 갚으려고 죽어라 또 일한다.

인구는 점점 줄어들고 있으니 아파트 가격이 엄청 떨어질 거라고? 미분양 아파트가 남아돌고 있고, 예정된 주택 공급만도 엄청나다고? 부동산에서 금융으로 큰돈이 옮겨가고 있다고? 그동안 이런 이야기들은 결코 통하지 않았다. 왜냐하면 대한민국에서 아파트는 '기억'이었기 때문이다. 실제로 지난 1997년 IMF 위기 이후 아파트를 팔았던 사람들은 평생 고칠 수 없는 화병이 생겼다.

하지만 이런 아파트의 기억이 2010년대 들어서면서 서서히 잊혀지고 있다. 서울 강남 아파트 가격만 보면 벌써 5년 연속 하락했고 지난 2006년 여름의 고점 대비 평균 20%대 하락을 기록하고 있다(2012년 6월 말 현재). 심지어 40% 정도 가격이 급락한 곳도 나타났다. 전문가들의 전망을 봐도 9대 1 정도로 '부동산 추가 하락' 가능성이 훨씬 더 높다.

무엇보다 더 중요한 건 지금의 20대들에겐 내가, 나의 선배가, 나의 부모님이 갖고 있던 아파트에 대한 기억이 전혀 없다는 사실이다. 중요한 건 바로 지금부터다. 이것을 눈치챈 자본이 교활하고 잔인하게 대한민국 아파트의 판을 바꾸기 시작했기 때문이다.

자본의 노림수, 전세에서 월세로

대한민국 사람들에게 '전세'는 누가 뭐래도 축복이다. 부동산 공부 좀 해 본 사람은 알겠지만 전세는 세계적으로 대한민국에 유일하게 존재하는 제도다. 생각해 보라. 만약 월세를 내야 하는 경우라면 몇 푼 안 되는 월급을 감안할 때 평생 큰돈을 모으는 건 불가능하다.

그런데 혹시 친한 외국인에게 이런 전세 제도 예찬을 하면 그들은 오히려 이상한 눈초리로 우릴 바라볼 것이다. 이들은 자기 집도 아닌데 몇 억 원을 집에다 묶어 두는 걸 이해하지 못한다. 이뿐만이 아니다. 몇 년 후에 그 금액을 고스란히 돌려주는 집주인도 이해할 수 없다. 집은 낡아 감가상각이 되었는데 보증금을 전액 돌려준다니 집주인이 자선사업가로 보이는 것이다. 아마도 매달 집세를 내는 렌트(rent) 제도에 익숙해서일 것이다.

이런 차이는 크게는 인생을 대하는 자세에서, 작게는 집에 대한 사고에서 비롯됐다. 지금 이 순간을 즐겨야만 진정한 행복이라는 것과 현재는 좀 괴롭더라도 몇 년 후 삶을 준비해야 제대로 된 인생이라는 생각의 차이. 집이란 거주공간이며 소유는 중요하지 않다는 낙관과 등기부등본에 내 이름이 콕 박혀 있어야만 진정한 집이고 집 없으면 평생 고생이란 두려움의 차이. 이런 차이들이 외국에서는 월세로, 대한민국에서는 전세 제도로 거듭나 우리네 생활에 통용되고 있는 것이다.

하지만 안타깝게도 이런 전세의 축복은 곧 사라질 것 같다. '월세 시대'가 찾아올 것이기 때문이다. 이건 부동산 가격이 폭락 또는 폭등하는 것과는 차원이 전혀 다른 이야기이다. 부동산과 아파트 시장에서 놀고 있던 '자본'이란 녀석이 궁지에 몰리면서 지금까지의 패러다임을 바꿔 국내에서 새로운 활로를 개척한 것이기 때문이다.

먼저 대한민국 주택시장의 '전세 제도'에 대해 살펴보자. 전세는 집값이 물가상승률 대비 2~3배 정도는 오를 것이란 전제를 바탕으로 성립된 제도이다. 집주인은 전세금을 굴려 수익을 내는 것이 목적이 아니다. 집주인에게 전세금은 집을 사는 데 필요한 자금을 조달하는 수단일 뿐이고 돈은 집값 상승을 통해 번다. 따라서 집값이 더 이상 과거처럼 급등하지 않는다면 전세 제도는 그 자체가 없어져야 한다. 또한 집주인이 부담하는 세금이나 리스크를 감안하면 이론적으로 '전세가격= 매매가격'이 되어야만 한다.

반면 세입자는 전세 제도를 통해 거주 안정을 꾀하고, 월세로 빠져나가는 기회비용을 자산 축적에 활용할 수 있다. 이처럼 한국의 전세 제도는 어떻게 보면 누이 좋고 매부도 좋은 성격을 갖고 있다.

그런데 이제 집값 상승은 멈췄다. 게다가 하락, 급락, 폭락 가능성이 더 높은 상황에 처했다. 이런 사실을 웬만큼 아는 사람이라면 아무리 언론과 부동산 업자들이 바람을 잡아도 흔들리지 않는다. 그래서 아무도 집을 사지 않는다. 하지만 아이러니컬하게도 이런 상황이 찾아오자 기다렸다는 듯 타깃이 '전세 제도'로 바뀌었다. 집값이 떨어지자 전세 가격이 급등해 버린 것이다. 뜻하지 않은 공격에 자본은 전세 가격을 높이면서 일단 '시간 벌기'에 나선 것이기도 하다.

적지 않은 사람들은 대한민국 집값이 폭락해 그간 말도 안 되는 불로소득을 얻었던 사람들이 한 번쯤 피눈물을 흘리는 것을 보고 싶어 한다. 30년, 20년 전쯤 누군 대출받아 집 샀다는 이유만으로 '부자 아빠'가 되고, 누군 묵묵히 절약하고 열심히 저축했다는 이유로 '가난한 아빠'로 전락했다는 게 역겹기까지 하다. 그래서 '이제 곧 아파트 가격이 폭락하겠지, 어디 두고 보자'라는 생각에 우선 전세 가격을 올려 주면서 버텨 본다. 급락, 폭락할 때까지 집을 사지 않겠노라는 다짐도 한다.

하지만 자본은 결코 호락호락하지 않다. 파멸 직전 남겨진 국물 한 방울까지 쭉 빨아먹고, 막상 파멸할 때는 자신은 쏙 빠지고 멀쩡한 주위 사람을 끌어들이는 것이 자본의 잔인함이다. 실제로 자본은 지금까지 손해 본 것이 없다. 아직 물량을 팔지 않았기 때문에 손실은 확정되지 않았고, 오히려 전세금이 올라 짭짤한 보너스가 생긴 셈이다. 그렇다면 앞으론 어떻게 될 것인가. 자본은 정녕 이번만큼은 혹독한 패배를 경험할 것인가.

난 부정적이다. 자본이 얼마나 교활한지 잘 알기에 그렇다. 난 대한민국 아파트와 관련된 자본의 최종 선택은 월세가 될 것이라고 조심스럽게 예상해 본다. 일명 '월세 시대'다.

지난 2009년 이후 지속되고 있는 전셋값 상승이 임계점을 넘으면 어쩌면 상당수 사람들은 더 이상 버티지 못하고 스스로 월세를 선택할지도 모른다. 정부 역시 월세에 대해 암묵적인 동의를 할 것이다. 아파트가 무너지면 한국 경제가 흔들리기에 정부는 어떤 식으로든 파국 없이 '질질' 끌기를 원한다. 당분간 금리만 올리지 않고 묶어 두면 된다. 하지만 이런 노력에도 집값은 점점 하락할 것이고 결국 집을 버리는 사람들이 속출하는 사태에 이른다.

아마도 자본은 이때를 노려 본격 활동을 개시할 가능성이 높다. "집 값 떨어져 죽을 지경이다. 어쩔 수 없이 월세 받겠다!"라고 외치면서. 자본은 약자로 변신하는 놀라운 재주가 있다. "부동산 가격이 폭락하는데 어떡해요? 엉엉." 이러면 뭐라 할 수 없다. 이렇게 되면 정부도, 그리고 대중도 월세를 용인할 수밖에 없다.

시작은 당연히 강남이다. 수요가 없을 것이라고 말하지 말라. 한 달에 150, 200만 원 주고 몇 년 정도 강남에 살 사람들은 넘쳐난다. 이렇게 시작된 월세는 한강을 넘어 북쪽으로 향할 것이고, 전국으로 퍼져나갈 것이다. 물론 이때쯤 정부는 월세 소득에 세금을 매길 것이다. 하지만 이미 주도권을 뺏긴 상태라 쉽게 자본을 이길 순 없다. 만약 10%의 강한 세금을 때린다면 자본은 이 중 절반 이상은 다시 월세 수요자들에게 떠넘길 테니까.

"집값 반 토막 나면 넌 살 수 있어?"

반면에 일부 전문가들은 '월세 시대'에 대해 걱정하지 말라고 한다. 대한민국 아파트가 전세에서 월세로 바뀌는 건 원천적으로 불가능하다는 주장이다. 가령 월세를 받으려면 먼저 집주인들이 현 세입자에게 전세금을 반환해야 한다. 월세는 기본적으로 1달에서 3달 정도의 보증금만 미리 낸 후 매달 렌트비를 내는 것이다. 따라서 세입자들은 자신의 전세금을 먼저 돌려받아야 하는데 지금 상태로는 목돈을 내

줄 수 있는 집주인이 거의 없다는 것. 실제로 서울 용산에서만 15년 이상 공인중개업을 해 온 한 업자는 이렇게 이야기했다.

"월세요? 쉽게 될까요? 집 있는 사람치고 80% 이상은 대출이나 전세금 끼고 있어요. 이 목돈을 어떻게 마련해요. 전 요즘 이런 상상도 해봐요. 모든 세입자들이 단합해 주인한테 '월세 살 테니까 전세금 빼주세요'라고 하는 거예요. 난리 날 걸요?"

특히 전세에서 월세로의 전환기에는 반드시 '폭락'이 있어야 한다는 분석도 있다. 집값 10억 원에 전세 5억 원 하는 아파트가 한 6~7억 원 정도로 떨어져 전세금으로 아파트를 살 수 있는 시기가 와야 비로소 월세 시대가 열린다는 주장이다. 일견 타당한 구석이 있다.

하지만 우린 이런 분석에 전적으로 의지하면 안 된다. 아니, 이런 논쟁 자체가 자본의 트릭이다. 우린 분명 월세 시대를 만날 것이다. '거주'를 위해 다달이 '지주'에게 돈을 지불해야 한다(물론 외국인 친구들처럼 이를 당연하게 받아들이면 된다). 하지만 더 중요한 건 월세가 좋으니, 전세는 계속 유지될 것이라느니 같은 논쟁이 아니다. 바로 우리의 대응이다.

부동산을 사지 않고, 반값이 될 때까지 폭락을 기다리고 있는 것도 좋다. 하지만 여기서 끝나면 안 된다. 정말 아파트가 폭락했을 때 난 어떻게 대응할지 대비를 해두어야 한다. 서울 시내에 반값으로 추락한 아파트가 널브러져 있을 때, 모든 물량을 자본에게 뺏기지 않으려면 실탄을 지금부터 모아 나가야 한다. "6억 아파트? 3억까지 떨어질 거야"라며 심리적 위안만 삼을 게 아니라 어서 빨리 3억 원을 모아 놓고 기다리고 있어야 한다. 그렇지 않으면 자본이 순식간에 다 쓸어

갈 것이다.

한 가지 더. 대한민국 아파트는 사실은 확실한 하방 버팀목이 있다. 그것이 바로 전세이다. 과거 일본이나 미국 사례와 달리 집값이 무너져도 결국 전세 가격에서 만난다. 즉 10억 아파트에 전세 가격이 5억이라면 폭락해 봤자 5억 원이라는 말이 된다. 결국 세입자가 물량을 받으면 된다(깡통 전세 제외).

그런데 최근 '전세담보대출 폭증'이라는 현상에서 알 수 있듯 세입자 또한 은행에서 돈을 빌려 전세 가격을 조달하고 있다. 따라서 이런 식의 구도라면 집주인은 주택담보대출로, 세입자는 전세담보대출로 계속 이자만 갖다 바치다가 최종 순간에는 모두 한꺼번에 무너져 버릴 수 있다. 따라서 최소한 "전세 가격만이라도 빚 없이 모아 놓겠다"는 독한 마음을 먹고 준비해야 하는 것이다.

이제 40대 중반으로 향하는 나이. 친구들과 만나면 대화 마지막은 꼭 집 있는 친구와 없는 친구간의 논쟁으로 장식되곤 한다. 부동산 관련 기사에 대한 인터넷 댓글 논쟁과 100% 똑같다. 아파트 끝났다는 이야기, 빚내서 집 산 사람 다 X됐다는 이야기, 그래도 쉽게 무너지지 않을 거라는 반론, 한번은 기회가 올 것이라는 희망, 월세 시대가 오면 어쨌든 다 죽는다는 공감대······.

하지만 때때로 이 논쟁은 친구끼리의 사교 대화를 넘은 감정 섞인 싸움과 독설로 번지곤 한다. 열 올리는 쪽은 항상 빚내서 집 산 친구다. 그런데 열세에 몰리는 이 친구가 분위기를 '싸하게' 만드는 마지막 반전 대사가 있다. 바로 이거다.

"그래, 그래. 앞으로 집값 반 토막 난다. 나도 다 털릴 거야. 그럼 너 그때 가면 내 집 살 수 있어? 그때 대비해 모아 둔 돈은 있느냐고?"
정말이지 친한 친구 사이에서만 가능한 노골적인 말이다. 물론 집은 소유가 아닌 거주라든지, 그때 가면 굳이 집을 살 필요 없이 싼 월세만 내면 된다는 식의 반론도 있지만 완벽한 카운터펀치는 아니다.
요즘 많은 이들이 집을 안 산다. 더 떨어질 때까지, 더 싸질 때까지 기다리려는 생각은 좋다. 하지만 한 가지 명심해야 될 사안이 있다. 집을 사지는 않지만 그렇다고 집 사려고 모아 놓았던 돈을 막 쓰면 안 된다는 것이다. 하지만 많은 사람들이 이 점을 착각하고 있는 것 같다. '집을 사지 않아도 아무 문제없다'는 것을 '집 살 돈으로 맘껏 즐겨도 된다'며 오해하고 있는 것이다.
정말 아파트 가격이 반값이 될 수도 있다. 하지만 그때 그 물량을 다 거둬들이는 세력은 과연 누가 될까. 그리고 물량을 확보한 후 부동산 시장의 문법을 전세에서 월세로 바꿔 버리는 세력은 누구일까. 기억하라, 자본은 지금 그때를 기다리면서 실탄을 장전하며 칼을 갈고 있다는 것을.

11_ 자본에게 2개의 태양은 없다

과거 역사상 패권국은 모두 예외 없이 망했다.
이게 바로 제국보다 자본이 한 수 위라는 증거다.

▬ 어쩌면 달러화 같은 기축통화를 보유하지 못할 것이고, 영어 같은 세계 공용어도 소유하지 못할 수 있다. 하지만 그렇다고 중국을 차기 패권국 후보에서 배제하면 안 된다.

11_ 자본에게 2개의 태양은 없다

과거 역사상 패권국은 모두 예외 없이 망했다.
이게 바로 제국보다 자본이 한 수 위라는 증거다.

지난 2011년 크리스마스. 평소 친하게 지내는 독자로부터 보유하던 금을 모두 팔고 달러 외화예금에 가입했다는 연락을 받았다. 이유는 간단했다.

"한미해상합동훈련에 참가한 미 항공모함 '조지 워싱톤 호'의 엄청난 '스펙'을 보니까 생각이 달라졌어요. 역시 미국이다, 이런 생각이 절로 들었어요. 미국과 달러가 30년은 끄떡없어 보이더라고요. 중국이오? 글쎄요. 감히 '패권국'이라는 이름이 어울리기나 합니까? 위안화요? 어디 감히 달러와 비교를……."

이 독자는 실은 지난 2008년 말 세계금융위기 이후 달러(미국)의 추락과 중국의 패권국 등극을 예상했다. 그래서 거의 모든 자금을 금 투자에 올인해 왔다. 하지만 3년 만에 이 전망을 바꿔 버린 것이다. 이뿐만이 아니다. 실제로 지난 2012년 초부터 '중국 패권론'에 의문을 제기하는 사람들이 크게 늘고 있다.

전문가들이 꼽는 이유는 크게 두 가지다. 첫째는 중국경제의 성장성이 확연하게 꺾였다는 사실이다. 연 10% 성장률은 '껌'으로 달성하던 중국이 이젠 8%는 고사하고 7%대까지 추락할 위기에 몰렸다. 게다가 이렇게 되니 자본의 행동대장 격인 핫머니(hot money)들이 대거 이탈했고, 증시는 급락하고, 부동산은 하락하고, 위안화 가치는 추락했다.

중국 패권에 대한 불신의 두 번째 이유는 역설적이지만 기존 패권국 미국에 대한 의지에서 찾아볼 수 있다. 앞의 사례에서처럼 "뭐니 뭐니 해도 미국밖에 없어" 같은 식이다. 현실도 이를 증명했다. 지난 2011년 여름 미국의 국가신용등급이 강등됐을 때 사람들은 오히려 미국 국채를 사러 몰려들었고, 미 달러화의 가치는 폭등했다. 또한 유로존이 국가 부채로 붕괴될 수 있다는 우려가 커지면 커질수록 사람들은 미 국채와 달러를 찾았다.

하지만 이런 상황에서 중국은 아무것도 한 일이 없었다. 세계경제가 흔들리고 있는데 중국의 존재감은 정말 미미했다. 바꿔 말하면 중국의 힘이 우리가 갖고 있는 기대만큼은 아니라는 거였다. 중국이 나서지 않았던 게 아니라 할래야 할 수 없었다는 뜻이다.

하지만 이런 식의 사고는 경계해야 한다. 현상도 중요하지만 더 중요한 것은 바로 자본의 의도이기 때문이다. 자본의 입장에서는, 현 자본주의 시스템 하에서는 과연 미국이 좀 더 세계 패권을 유지하는 것이 좋을까, 아니면 중국으로 패권 이동을 시키는 게 좋을까에 초점을 맞춰 통찰해 나가야 한다.

중국의 경제성장률 악화? 단순한 핑계거리에 지나지 않는다. 현재 전 세계에서 그나마 '성장'이란 말을 거론할 수 있는 곳은 중국밖에 없다. 중국이 있기에 세계 경제가 돌아간다고 보면 된다. 물론 중국이 앞으로 패권을 잡는다면 앞서 미국이나 대영제국, 로마제국 등과는 다른 모습일 것이다. 어쩌면 달러화 같은 기축통화를 보유하지 못할 것이고, 영어 같은 세계 공용어도 소유하지 못할 수 있다. 하지만 그렇다고 중국을 차기 패권국 후보에서 배제하면 안 된다.

무엇보다 "미국은 역시 미국이야" 같은 사고는 정말 금물이다. 이미 미국은, 그리고 세계 기축통화인 달러화는 '루비콘 강'을 건너 버렸기 때문이다. 2012년 8월 현재 미국의 국가부채는 14~15조 달러 수준이라고 하지만 이건 사실을 완전 왜곡한 수치다. 사회보장, 노인의료보험, 군인연금, 저소득층 의료보조비 등과 같은 사회복지 의무에 따른 국가부채까지 합치면 이미 140조 달러를 넘어섰다. 믿기지 않겠지만 미국이 모라토리엄(채무불이행)을 선언하는 건 시간문제인 상황이다.

자본은 미국을 버렸다

자본의 행보를 예단하는 건 절대 금물이지만 굳이 그래야 한다면 난 자본은 미국을 버렸다는 쪽이다. 일단 그렇게 생각해야 생존에 있어 유리하다. 마치 '파스칼의 도박(Pascal's Wager)' 같은 것이다.

가령 이렇게 생각해 보자. 내 생각이 틀려 패권국 미국이 여전히 건재하고 힘을 더 갖게 됐다고 한다. 이러면 내 예측이 틀렸기에 괴로워해야 할까. 결코 아니다. 우린 기뻐해야 한다. 미국이 살아 있다는 건 우리에게 익숙한 경제 형태가 유지됨을 의미하기 때문이다. 자본이 과거의 시스템을 그대로 돌린다는 뜻이다. 그래서 그냥 우린 하던 대로 하면 된다.

반면에 미국이 패권을 잃어버린다는 생각이 맞았다고 해 보자. 정말 세상이 발칵 뒤집힐 것이다. 최소한 1년은 전 세계가 슈퍼 공황에 벌벌 떨지도 모른다. 한번 생각해 보라, 미국이 모라토리엄을 선언하고 미 달러화가 힘을 잃어버리는 세상을 말이다. 우린 어디 가서 원유 1배럴도 수입할 수가 없다. 모든 원유 거래는 미 달러화로 거래되고 있는데 달러가 갑자기 부도를 내면 국가 간 거래 자체가 성립이 안 된다. 곡물도 마찬가지이고, 아예 무역이 이뤄질 수가 없다. 하지만 이런 상황을 예견했던 사람들은 적어도 사전에 준비를 해 놓을 수 있다.

미국 붕괴의 결정적 트리거는 '빚'이 될 것이다. 실제로 현재 이슈가 되고 있는 재정절벽(fiscal cliff)를 잘 들여다보면 전형적인 자본의 속임수라는 걸 알 수 있다. 일명 '양빵'이다. 이래도 망하고, 저래도 망하는 교묘한 상황을 만들어 놓았다.

먼저 미국의 재정 예산이 2013년부터 거의 절벽처럼 뚝 떨어진다고 해 보자. 그래서 미국이 그야말로 혹독한 초강력 긴축을 시작한다고 해 보자. 이러면 미국은 그대로 끝장이다. 안 그래도 힘든 판국에 정부가 돈을 풀지 않고 오히려 긴축을 하게 된다면 경제상황은 그대로

마비가 될 것이다. 어쩌면 미국 전역에서 폭동이 일어날 수도 있다. 이런 혼돈 속에서 미국과 달러는 과거의 영광을 버린 채 왕좌 위에서 내려와 그간 자신들이 신하로 부렸던 이들에게 머리를 조아릴 수밖에 없다.

반면에 이런 재정절벽 문제를 해결하기 위해 지난 2001년 조지 부시 대통령 시절 한시적으로 도입한 감세 혜택을 연장하고 긴축 대신 재정 지출을 늘리는 적자 재정을 유지한다고 해 보자. 이뿐만이 아니다. 이제 정부 대신 FRB가 나서서 4차, 5차…… 10차 양적완화로 돈을 풀었다고 해보자.

이 또한 해결책이 아니다. 왜냐하면 이 자체로 미국의 빚은 다시 천문학적으로 쌓여만 갈 뿐이고 달러화는 끝장을 보러 가는 셈이 되기 때문이다. 아무리 모르는 척, 안 본 척하려 해도 미국은 그 빚을 갚을 수 없다는 걸 세계인 모두가 깨닫게 될 것이고, 무한대로 쏟아진 달러화는 전 세계로 퍼져 자산 가격을 올릴 것이고, 미국에서 촉발된 하이퍼인플레이션은 결국 전 세계를 파국으로 몰아갈 수밖에 없다.

이렇듯 미국은 어느 쪽으로 가든 그 끝은 암흑뿐이다. 자본이 노리는 전형적인 패턴이다. 양 극단을 미리 선점해 놓고 자기 필요에 따라 이쪽으로든 저쪽으로든 이끌어가면서 판을 독식하는 수법이다.

다만, 이때 '자본=미국'이라든가 '자본=달러' 같은 등식으로 상황을 인식하면 안 된다. "자본이 어떻게 달러화를 버리겠어?" 같은 사고도 곤란하다. 달러는 자본의, 자본주의 시스템의 중요한 가신이긴 하지만 언제나 집사는 집사일 뿐이다. 주인님 마음에 들지 않으면 하루아침에라도 쫓겨날 수 있다는 점을 기억해야 한다.

다만 미국과 달러화의 몰락을 예견하더라도 반드시 주의해야 할 점이 있다. 무조건 "미국은 망해!"라며 달려들게 아니라 나만의 확고한 '로드맵'을 갖고 따라붙어야 한다는 점이다. 즉, 미국이 패권을 잃어버리는 과정에서 나타날 몇 가지 사인들을 정해 놓고 이걸 확인해야 하는 것이다.

그 첫째는 상품 가격의 상승이다. 원유도, 농산물도, 수산물도, 금도, 은도, 희토류도 모두 가격이 올라야 한다. 이것은 '달러의 사망' 때문이다. 미국이 죽으려면 달러가 힘을 잃어야 하고, 종이돈의 아버지인 달러가 죽는 과정에서는 그 상대편에 있는 '실물'의 가격들이 올라갈 수밖에 없다. 그래서 과연 상품 가격이 오르는지 지켜보고 있어야 한다.

두 번째 사인은, 지속되는 양적완화이다. 구체적으로 말하면 '달러 찍어 내기'라고 할 수 있다. 미국이 금리를 올리거나 혹독한 긴축 대신 양적완화로만 나아간다면 이건 미국이 마지막을 향해 내달리고 있다는 신호이다.

이것은 자본의 입장에서 보면 일종의 '작업'인 셈인데, 종이에 불과한 달러를 찍어 내 자기들은 먼저 이 종이를 다른 중요한 것들로 바꾸는 것이다. "여기 달러를 너에게 주마. 대신 넌 나에게 원유나 곡물을 줘야 해" 같은 방식이다.

다만, 이때 변수로 생각해야 할 점은 미국이 갑자기 금리를 인상하는 출구전략을 쓰는 경우다. 이런 상황에선 달러가 어디로 향하는지 체크해야 한다. 그러니까 미국이 금리를 올렸을 때 달러가 본국으로 귀환하는지, 아니면 그대로 해외 실물자산에 남아있는지 확인해야 한다는 뜻이다. 후자라면, 미국은 망하고 있는 거다.

세 번째 사인은 울트라급 버블이다. 과거 경험상 자본은 하나의 패권국을 무너뜨리고 다른 곳으로 옮겨갈 때 조용히 이동하지 않았다. 조용히 일을 처리하고 싶어도 할 수가 없다. 자신들의 덩치가 워낙 크기에 금방 눈에 띄기 때문이다. 그래서 자본은 항상 거대 버블을 만들어 냈다(아마도 미국은 재정절벽을 빌미로 돈을 풀 것이 분명하다). 일반 대중의 정상적인 인지기능이 마비될 정도로 울트라 버블을 만든 후 정신이 혼미해진 틈을 타 탈출을 하는 수법이다.

따라서 만약 코스피가 2000포인트 수준에서 다시 1800으로 가고, 이어 1600으로 하락한다면 이는 오히려 환영할 만한 일이다. 반면에 실제 경제는 전혀 나아진 것이 없는데 갑자기 주가가 2200을 넘어 2300, 2400 위로 치솟는다면 이때는 정신을 바짝 차리고 있어야 한다.

네 번째는 미국 사회가 갖고 있던 기존 가치관의 붕괴이다. 이건 과거 바빌론이나 페르시아, 로마제국이나 스페인제국, 네덜란드, 영국 등 패권국이 무너질 때 모두 비슷하게 나타났던 현상이다. 도덕적 타락은 말할 것도 없고, 과거 우리가 '미국적인 것'이라고 불렀던 것들이 한순간 사라지는지 체크해야 한다.

가령 전통적인 기독교 국가인 미국이 기독교를 버리거나, 총기 소유를 통해 스스로를 무장했던 미국인들이 총을 공식적으로(법적으로) 뺏긴다거나, 주 정부의 힘이 약화되고 연방정부가 미국 전체를 통제한다거나 하는 등의 사회 및 정치적 모습이 나타난다면 이미 자본의 마음이 미국과 달러를 떠났다는 신호로 받아들여도 좋다. 그렇게 갖고 싶었던 미국 시민권과 영주권이 풀고 싶은 거대한 족쇄로 바뀌는 시점이기도 하다.

중국은 다 갖췄다, 한 가지만 빼고

자본은 항상 일정 시간이 흐르면 세계 패권국을 교체했다. 이용할 만큼 이용하고, 빼먹을 만큼 빼먹었다고 생각하면 기존 패권국을 헌신짝처럼 버리고 차기 패권국을 찾아 발 빠르게 이동했던 것이다. 다만 이때 아무 나라나 패권국으로 세우지는 않는다.

자본이 요구하는 조건은 까다롭다. 보통 패권국이라 하면 크게 경제력, 군사력, 문화력 등 3가지 부문에서 압도적 우월성을 갖고 있어야 한다. 바꿔 말해 앞의 세 가지 요소 중 어느 한 가지라도 빠지면 패권국이 될 수 없다는 이야기이다. 하지만 이런 전통적 분류법은 최근 경제력 한 가지로 통합되는 모습을 보이고 있다. 한 가지씩 간단하게 살펴보자.

군사력 : 미국의 군사력은 현재 '넘사벽'의 수준이지만 그 끝으로 가 보면 미국과 중국은 모두 핵보유국이다. 군사력은 핵이라는 마지막 보루가 존재하는 한 변별력이 생기지 않는다. 미국 항공모함 조지 워싱턴 호는 환상적인 스펙을 갖고 있지만, 핵전쟁을 가정하면 특별히 새로울 것도 없다.

문화력 : 로마제국, 대영제국, 미국은 모두 문화에 있어 타의 추종을

불허했다. 무엇보다 '언어'를 장악하고 있었기에 문화 지배력은 훨씬 더 막강했다. 그래서 중국 패권에 대한 의문을 제기하는 사람들은 중국어의 열등함을 지적하거나 중국의 문화력을 폄하한다.

하지만 이건 큰 오산이다. 예를 들어 중국에서 한류가 인기를 끈다고 한국 문화가 중국 문화를 지배한다고 착각하면 안 된다. 이건 일종의 문화적 소비 행위로, 중국인들이 돈을 지불하고 한국 대중문화를 즐기는 것에 불과하다. 그리고 이는 곧 돈을 내는 중국인 취향에 따라, 그들이 원하는 대로 수정될 수 있다는 뜻도 된다.

경제력 : 중국의 경제력에 토를 달 사람은 없다. 중국은 그 동안 '세계의 공장'으로 전 세계인들을 먹여 살렸다. 2002년 미국 LA의 쇼핑몰에서 18달러였던 나이키 운동화가 2007년에도 가격 변화가 없었던 건 중국 인민들의 말도 안 되는 저임금 덕분이다.

하지만 패권국이 되려면 생산이 아닌 소비의 주체가 돼야 한다. 돈을 버는 게 아니라 돈을 써야만 세계 시민은 굴복하고 머리를 조아리는 법이다. 그런데 이제 중국은 '세계의 백화점'으로 변신하고 있다. 패권국 미국이 지금까지 그래왔던 것처럼 지금부터는 중국이 전 세계에서 생산되는 상품들을 소비해 주겠다는 뜻이다.

각국의 국내총생산(GDP)에서 소비가 차지하는 비중은 미국이 70%, OECD 국가들이 50%~60% 정도인 데 반해 중국은 35% 정도에 불과하다. 중국이 지금이라도 미국 못지않은 소비를 해 준다면 생각보다 더 빨리 패권을 장악할 수 있다. 일각에선 중국이 위안화를 큰 폭으로 절상하면 수출이 감소해 당장 망할 것처럼 떠들지만 그렇지 않다. 순 수출 기여도는 중국의 GDP 성장을 '조금 많이' 또는 '조금 적게' 만드는 정도에 불과하다. 이미 중국은 내수 소비만으로도 충분히 성장할 수 있는 단계에 와 있다.

무엇보다 중국은 과거 석유의 지위에 버금가는 희토류와 규소라는 천연자원을 독점하고 있다. 태양광 발전과 전기자동차, LED 등 첨단 녹색산업의 기초를 독식하고 있는 것이다. 게다가 13억 명이 넘는 인구는 그 자체로 패권국의 위용을 돋보이게 만든다. 경제력 관점에서 패권국은 '재화소비국+자원보유국+인재보유국' 등 3가지 조건을 갖춰야 하는데 중국은 이 3가지 조건을 훌륭하게 소화해 내고 있는 셈이다. 자본의 입장에서는 정말 탐이 나는 조건이 아닐 수 없다.

그러나 중국은 단 한가지만큼은 가질 수가 없다. 바로 기축통화이다. 위안화는 과거 로마제국의 데나리우스, 대영제국의 파운드화, 미국의 달러화 같은 세계 기축통화가 될 수 없을 것이다. 아니, 자본이 이를 허락하지 않는다고 해석해야 옳다.

참고로 기축통화라는 지위는 정말 대단하다. 국가 간 주식, 부동산 거래뿐 아니라 온갖 에너지, 곡물, 광물, 수산물 등의 결제가 기축통화로만 이루어지기 때문이다. 예를 들어 내가 최상급의 석유를 갖고 있다고 해 보자. 그런데 이 석유는 다른 국가에 팔 때 기축통화인 미 달러화로 매겨진 가격에 따라 거래된다. 내가 원화 100만 원에 팔고 싶어도 시장에 내놓으면 1,000달러, 900달러, 또는 1,100달러로 바꿔 표시해야만 한다.

그런데 자칫 달러 가치가 떨어지게 되면 난 가만히 앉아서 손해를 볼 수밖에 없다. 석유의 질도 그대로고, 석유에 대한 수요와 공급도 변화가 없는데 난 손해를 봐야 한다는 뜻이다. 그래서 사람들은 언젠가부터 달러에 목을 매게 돼 버렸다. 달러 가치가 오르면 올라서 고민, 또 내리면 내려서 고민해야만 한다. 극단적으로 우린 모두 달러의 노예가 돼 버린 것이다.

앞서 중국 위안화가 기축통화로 나서기는 불가능해 보인다고 했다. 이것은 위안화 자체 문제는 아니다. 관리환율제를 고집하고 있는 중국 공산당의 폐쇄적인 외환 정책 때문만도 아니다. 자본주의 시스템은 이제 새로운 형식의 기축통화를 원하고 있기 때문이다.

특히, 자본은 중국에게 '트로이의 목마'를 잠입시켜 놓았다. 한순간 쓰레기로 전락할 수 있는 달러화라는 폭탄을 이미 중국에 엄청난 규모로 떠넘겼기 때문이다. 이것은 "너에게 패권을 주지만 너의 주인은 바로 자본이란 것을 명심하라"는 암묵적 경고라고 볼 수 있다.

잘 알려진 대로 전 세계에서 미 국채와 달러를 가장 많이 보유한 왕채권자가 바로 중국이다. 중국은 대략 미 국채를 1조 1,643억 달러(2012년 6월 현재) 정도 갖고 있고, 여기에 3조 2,400억 달러 규모의 외환보유고(2012년 6월 현재)를 자랑한다. 따라서 달러화가 죽으면 동시에 중국이 갖고 있는 미 국채와 외환보유고가 함께 타격을 받게 된다. 나아가 나 홀로 빚지지 않고 독야청청 살아가는 중국도 함께 대공황, 아니 슈퍼 공황 속으로 빨려 들어갈 수밖에 없다. 이런 상황에서 위안화를 세계시장에 밀어 넣는다는 건 힘들어 보인다.

이뿐만이 아니다. 이미 기축통화를 갖고 장난치는 자본의 속임수는 세간에 알려졌다. 그렇다면 자본은 기축통화를 운용하는 전통적 수법에도 좀 변화를 줄 것이 확실하다.

현재까지 자본의 행보를 보면 달러화 다음의 세계 기축통화는 특정

국의 통화가 아닌 몇몇 주요국의 통화를 섞어 만든 형태의 '세계 단일 통화'일 가능성이 높다. 그리고 그 형식은 디지털이 될 것이다.

중국 패권을 말해 주는 3가지 신호

물론 상당수 경제학자들 사이에서는 중국 패권에 대한 반론도 크다. 아무리 생각해도 중국이 세계 패권국 역할을 수행할 수 있을지 의심이 된다는 비판이다.

첫째로 지정학적 특성이 맘에 걸린다. 중국 주변을 둘러싼 인접국의 면모는 장난이 아니다. 러시아와 인도 등 잠재력 면에서는 결코 뒤지지 않는 국가들이 버티고 있으며 북한 바로 밑에는 한국이 버티고 있다. 이들은 중국에게서 하나라도 더 빼먹으려고 하지 중국에게 패권을 용인할 생각은 눈곱만큼도 하지 않는다.

둘째로, 자국의 소수민족 문제가 심각하다. 티베트 등 수많은 소수민족들은 중국 공산당에겐 항상 골칫거리다. 패권은 고사하고 언제라도 스스로 발목을 잡힐 수 있다. 자기 집안 문제도 처리하지 못하면서 세계 패권을 논한다는 게 사치스럽게도 들린다.

심지어 아예 중국의 경제력 자체를 부정하는 전문가들도 꽤 많다. 현재 세계 2위의 경제대국이라는 지위가 5년 내에 신기루처럼 사라질 수 있다는 주장이다. 이미 저임금을 바탕으로 한 수출은 힘이 빠지고 있으며 상대적으로 기술력 발전은 요원해 보인다는 것. 실제 중국에서는 노동쟁의가 본격화되고 있고 생산 인구도 노령화 단계에 접어들었다.

또한 중국이 '세계의 백화점'으로 거듭나려면 최소한의 기술력을 갖고 있어야 하는데 아직 불충분하다는 견해도 있다. 이처럼 최소한의 기술력도 갖추지 못한 채 위안화 절상 단계로 들어가면 수출이 너무 부진해 한순간에 고꾸라질 수 있다. 여기에 비민주적인 정치 제도, 부패한 관치경제, 불투명한 기업 재무상태 등 파고들면 들수록 구멍이 숭숭 뚫려 있다는 주장이다.

염두에 둘 부분이 많다. 그만큼 중국이 자본에게 호구 잡힐 거리가 많다는 뜻도 되겠다. 어쨌든 중국이 패권을 잡을지 말지 여부도 확신 대신 로드맵을 통해 따라붙는 것이 좋을 것 같다. 앞서 미국의 패권 상실 경우와 마찬가지로 다음의 몇 가지 신호가 나타날 것이다.

첫 번째 신호는 역설적으로 기존의 패권국인 미국과 기축통화 달러의 몰락이다. 하늘 아래 두 개의 태양은 없다. 미국과 달러가 멀쩡하다면, 아니 오히려 힘이 더 강해진다면 당연히 중국은 없다. 따라서 달러 붕괴 문제가 공공연하게 대두되고 캘리포니아 주, 일리노이 주, 뉴욕 주 등 미국 주 정부들의 연쇄 파산 소식이 들려오면 준비를 해야 한다.

두 번째 신호는 중국의 세계 소비국 역할 수행이다. 미국이 그간 왜 패권국으로 군림했느냐 하면 바로 소비대국이었기 때문이다. 전 세계에서 만든 물건을 가장 많이 소비했기에 세계 경제를 지배했던 것이다. 대한민국 노동자가 열심히 일해 5,000원짜리 물건을 만들면 이것을 1만 원에 사 주던 곳이 바로 미국이다. 패권은 최대 수출국이 아닌 최대 소비국이 될 때 비로소 완성된다.

세 번째 신호는 '개방'이라는 트렌드에 대한 중국의 정책이다. 2011년 통화시장 개방을 필두로 현재 사회 전반에 걸쳐 중국의 빗장은 빠르게 풀리고 있다. 역사적으로 이런 개방에는 항상 자본이 따라 들어갔다. 따라서 만약 중국이 개방 기조를 바꿔 갑자기 폐쇄정책으로 나온다거나 인위적인 경기부양을 하지 않고 끝까지 긴축으로 맞선다면 역설적이게도 중국은 패권국이 될 수 없다. 자본이 합법적으로 들어갈 틈이 없기 때문이다. 하지만 자본은 결국 중국으로 대거 진입할 것이고 새로운 패권을 중국에게 쥐어 줄 것이다.

12_ 엔화 강세와 약세 사이에서 사건이 터진다

자본이 가장 좋아하는 건 매뉴얼,
진짜 싫어하는 건 바로 버그다.

▀마지막 위기의 순간이 오면 일본은 자국민에게 빚을 갚기 위해 미 국채를 팔아야 하는데, 이렇게 되면 미국 국채와 달러화의 가치는 급락할 수밖에 없고, 이어 중국에까지 충격파가 미칠 수 있다.

12_ 엔화 강세와 약세 사이에서 사건이 터진다

자본이 가장 좋아하는 건 매뉴얼, 진짜 싫어하는 건 바로 버그다.

짧은 순간이긴 했지만 1980년대에 일본은 세계 패권을 — 경제 분야에 한정되긴 했지만 — 잡았던 국가였다. 미국 뉴욕 맨하탄의 엠파이어스테이트 빌딩과 록펠러 센터 등을 모두 일본인이 소유했고, 1987년 한 해에만 일본은 220여 개의 해외 일류기업을 사들일 정도였다. 당시 전 세계는 일본 따라 하기에 열을 올렸다.

일본은 미국 본토를 공격한 세계 유일의 국가이기도 하다. 1941년 12월, 일본군 비행기는 하와이 주 오아후 섬 진주만에 있는 미군 기지를 전격 공습했다. 당시 미국이 받은 자존심에 대한 상처는 상당했다. 프랭클린 루즈벨트 대통령은 아예 이날을 '치욕의 날'이라고 명명했을 정도였다.

하지만 지금의 일본은 최악이다. 당장 일본이 디폴트(파산)를 선언해도 놀랄 만한 일이 아니다. 물론 일부 전문가들 중에는 "일본은 곧 부활한다"거나 "일본 기술력은 아직도 세계 최고"라고 평가하지만 나는 부정적이다.

그렇다면 현 시점에서 자본은 일본에 대해 어떤 생각을 하고 있을까. 일본을 어떻게 활용하고 싶어 하는 것일까. 자본주의 시스템에서 일본이 맡은 역할은 무엇일까.

자본의 코드로 일본을 이해하려면 크게 세 가지 부분을 살펴봐야 한다. 첫째는 일본의 빚, 둘째는 엔화, 셋째는 바로 일본 국민들의 국민성이다.

세계 경제의 시한폭탄

퀴즈 하나. 전 세계에서 빚이 가장 많은 나라는?

정답은 바로 미국이다. 하지만 사람들은 미국의 빚에 대해서는 관대하다. 세계 기축통화인 달러를 소유하고 있기 때문이다. 최악의 경우 스스로 달러를 찍어 낼 수 있다는 점을 인정하는 것이다. 그럼 두 번째로 빚이 많은 나라는 어디일까?

그렇다. 일본이다. 2011년 말 현재 일본의 국가 부채는 1,000조 엔에 달한다. 세계 2위 규모다. 일본의 국가 부채는 절대적 규모도 상당하지만 국내총생산(GDP) 대비 230%선으로 선진국 가운데 독보적으로 높은 수준에 머물러 있다. 상당수 경제학자들이 "유럽, 미국 재정위기 이상으로 충격이 큰 곳이 바로 일본이 될 것"이라고 평가할 정도로 재정 적자(빚)는 일본 경제, 나아가 세계 경제에 시한폭탄 역할을 하고 있다.

하지만 이 부분에 대해서는 짚고 넘어가야 할 부분이 있다. 일본의 채권·채무 구조는 다른 나라와 상당히 다르기 때문이다. 예를 들어 이탈리아, 스페인 등은 현재 엄청난 빚을 지고 있는데 채권자는 모두 국가 밖에 존재한다. '그리스의 채권 국가는 독일' 이런 식이다. 하지만 일본은 다르다. 대외적으로 일본은 독일, 중국, 이스라엘 등과 함께 정말 '희귀한(?)' 순 채권국이기 때문이다. 그렇다면 일본이 갖고 있는 저 많은 빚의 주인, 채권자는 누구일까. 일본의 채권자는 여타 국가나 은행이 아닌 바로 일본 국민 자신들이다.

이런 일본만의 특이한 빚 구조 때문에 일각에선 "일본의 빚은 걱정 없다"고 주장한다. 최악의 경우 정부와 국민이 빚 갚이를 하면 아무 문제가 없다는 분석이다. 하지만 이렇게 쉽게 끝날 문제는 결코 아니다. 이런 상황이 발생하면 일본 국민들은 단 한 명도 예외 없이 한순간 알거지로 전락하기 때문이다.

예를 들어 우리나라를 보자. 우리나라 국민들은 삼성전자 주식이나 국민은행 정기적금 통장은 갖고 있어도 대한민국 국채를 들고 있는 경우는 드물다. 따라서 국가 디폴트 위기가 오면 보유 자산이 감소할 수는 있어도 전액 사라지지는 않는다.

반면에 일본은, 약간 과장해서 말하면, 온 국민이 전 재산을 일본 정부가 발행(보증)하는 채권으로 소유하고 있다. 따라서 국가가 부도 위기에 빠질 경우 채권자인 일본 국민들이 평생 모은 재산은 바람처럼 사라져 버린다. 물론 정부가 빚을 갚으면 문제는 없다. 하지만 일본 정부는 현재 죽었다 깨어나도 국민에게 진 빚을 갚을 수가 없는 단계까지 와 버렸다.

하지만 조금 이상한 부분이 있다. 앞서 말한 것처럼 일본은 대외적으로는 순 채권국이란 사실이다. 따라서 일본은 자신의 채무국에게 빌려준 돈을 돌려 달라고 하면 될 것이다. 그런데 문제는 일본에게 가장 많은 빚을 진 국가가 미국이라는 것이다. 2012년 6월 현재 일본은 미국 국채를 1조 1,193억 달러나 보유하고 있다. 중국(1조 1,643억 달러)과 거의 비슷한 수준이다. 과정을 단순화시켜 설명해 보면, 일본 정부는 자국 국민이 열심히 노력해서 번 돈을 빌려서 고스란히 미국 국채를 사는 격이다. 그렇다. 바로 여기서부터 문제가 배배 꼬여 버린 것이다.

가령 마지막 위기의 순간이 오면 일본은 자국민에게 빚을 갚기 위해 미 국채를 팔아야 하는데, 이렇게 되면 미국 국채와 달러화의 가치는 급락할 수밖에 없고, 이어 중국에까지 충격파가 미칠 수 있다. 그러면 세계 경제는 그대로 붕괴된다. 흔히들 미국과 중국이 펼치는 '화폐 전쟁'에만 관심을 집중시키지만 의외로 일본발 경제 충격이 훨씬 더 클 수 있는 것이다.

이처럼 자본은 모든 관계를 정교하게 엮어 놓았다. 미국, 중국, 일본이 이렇게도 저렇게도 할 수 없도록 묶어 버린 것이다. 이 과정에서 정작 미국인, 중국인, 일본인들은 죽어라 일할 수밖에 없고 자본은 가만히 앉아 자기 배를 채우고 있다.

엔화는 자본의 충실한 도구였다

2011년 3월 11일, 일본에 정말 슬픈 일이 터졌다. 해저 지진에서 시작해 쓰나미, 원전폭발로 이어졌던 동일본 대지진 참사는 2만여 명의 사망자와 17조 엔(약 238조 원)의 재산 피해를 가져왔다. 당시 외신들은 참혹한 현장 모습을 전하면서 향후 일본 경제가 받을 충격에 대해서 우려했다.

그런데 이런 와중에 이해 못할 일이 벌어졌다. 바로 엔화 가치의 움직임이었다. 국가 경제의 근간이 무너질 수도 있는 사건이 터졌는데도 엔화 가치는 더 강해진 것이다. 사람들이 엔화를 버리기는커녕 엔화를 더 가지려고 몰려든 것이다.

그리고 보면 역사상 엔화 환율은 항상 미스터리였다. 어떤 분석이나 연구도 들어맞지가 않았다. 지난 2008년~2011년, 국내의 잘나간다는 환 전문가들은 일본의 장기불황을 논거 삼아 한 목소리로 "엔화 약세!"를 외쳤지만 그럴수록 엔화는 더 강해져만 갔다. 일본 경제는 나빠져만 가는데 해당국 통화인 엔화는 더 강해져만 가는 아이러니다. 경제학 원론이 완전히 무너지는 부분이다.

하지만 문제는 여기서 끝나지 않는다. 이렇게 엔화가 강해만지니 일본의 수출 경쟁력은 떨어지고, 일본 경제는 침체에 빠지는 악순환을 반복하기 때문이다. 그 결과 지난 2011년 일본은 31년 만에 최초로 무역적자를 기록했다. 세계 어떤 국가와, 심지어 '구두쇠' 독일과 맞장을 떠도 손해를 본 적이 없던 무역대국 일본의 신화가 깨져 버린 것이다.

그런데 알고 보면 지난 1985년에 엔화 환율과 관련된 진짜 미스터리한 역사적인 사건이 있었다. 엔화를 초강세로 몰아간, 그래서 이후 일본 경제를 파탄으로 빠져들게 한 그 유명한 '플라자 협정(Plaza Accord)'이다.

1985년 당시 미국, 영국, 프랑스, 독일(서독), 일본 등 선진 5개국은 뉴욕 플라자 호텔에 모여 '플라자 협정(달러 약세화 협정)'을 체결한다. 당시 잘나가던 일본에게 "엔화 가치를 인위적으로 높여라"고 강제했던 협정이다. 일본 물건이 워낙 인기가 좋아 교역 상대국은 무역 적자를 기록했기에 엔화 절상을 통해 가격 경쟁력을 떨어뜨리려는 목적이었다. 지금이라면 이런 강제 협정을 상상할 수도 없지만 일본은 순순히 이에 동의했다. 그래서 결국 1달러당 240엔의 엔화 환율을 2년 후인 1987년 1달러당 120엔으로 절상하는 합의가 체결됐다.

하지만 문제는 이 다음부터였다. 1987년 10월 19일, 난데없이 하루에 증시가 22.6%(508포인트)나 폭락하는 '블랙 먼데이'(뉴욕 증시의 주가 대폭락)가 터졌기 때문이다. 당시 뉴욕의 주가 폭락은 전 세계에 위기감을 불러 일으켰고, 미국은 곧바로 세계 주요 중앙은행들에게 금리를 내리고 통화량 공급을 늘리도록 압박했다.

일본 역시 안 그래도 엔고 때문에 수출 가격 경쟁력 악화로 고민하던 차에 누구보다 먼저 금리 인하에 나섰다. 하지만 이 조치는 일본에는 치명타였다. 안 그래도 플라자 협정 때문에 엔화 가치가 높아져 일본인들은 세계 관광을 떠나며 흥청망청 하고 있었는데 금리까지 인하되니 시중에 막대한 자금이 풀렸기 때문이다. 이 돈은 증시와 부동산으로 흘러 들어갔다. 당시 동경 23개 구 집값으로 미국의 절반 이상을 구입할 수 있을 정도였다. 엔고를 바탕으로 일본은 1989년 미쓰비씨 부동산이 미국 뉴욕의 록펠러 센터를 사들이는 '역사적인' 상황도 펼쳐졌다.

그런데 바로 이때 자본이 갑자기 마음을 바꿔 1989년 5월부터 1990년 9월까지 16개월간 일본 기준금리를 2.5%에서 6%로 수직 상승시키는 초강수를 펼친다. 일본 금융 당국이 왜 이런 금리인상 정책을 펼쳤는지 지금으로선 이해가 안 가는 부분이 많다. 당시 분석 자료를 보면 인플레이션 부담과 자산 버블 때문에 어쩔 수 없는 선택이었다는 이야기가 나온다. 그랬다. 당시 명목은 분명 '거품 제거'였다. 결과적으로 일본의 자산 버블은 제거됐다. 하지만 제거된 것은 버블만이 아니었다. 일본 경제 전체가 무너졌고, 잃어버린 10년, 20년 어쩌면 경제 붕괴의 상황까지 처한 셈이다.

한편, 엔화가 약세였던 시기도 있었다. 엔화의 가치는 지난 2004년 말부터 2007년까지 급속도로 하락했는데 공교롭게도 이때는 일명 '슈퍼 버블'로 불리는 전 세계 호황의 시기였다. 국내 코스피는 1000포인트를 가뿐하게 뚫고 2000선까지 내달렸고, 부동산 가격은 연간 30% 가까이 급등했다. 우리만 그런 것도 아니었다. 세계가 버블에 취해 있었다.

이때 속내를 들여다보면 자본이 엔화를 철저하게 이용했던 것을 알 수 있다. 엔화를 싸게 빌린 후 이 돈을 갖고 전 세계 자산시장에 달려가 자산 가격을 높였던 것이다. 이처럼 과거 역사상 엔화는 자본의 '충실한 도구'였다. 엔화 강세와 엔화 약세의 시기엔 꼭 뭔가 사건이 터졌으니까 말이다.

지난 2008년 말 금융위기 이후 엔화는 다시 강해져만 가고 있다. 이에 일본 중앙은행은 시중에 막대한 돈을 풀면서 온갖 노력을 하고 있지만 약세 흐름은 잠시뿐 틈만 나면 다시 강해진다. 스스로 "엔화는 형편없는 통화니까 제발 엔화를 버려 달라"고 애원해도 엔화 몸값은 높아지는 참 이해하기 힘든 상황이다.

일단 한 가지만 주의하자. 이런 엔고 현상이 갑자기 큰 폭의 엔저로 바뀌거나, 혹은 빠른 속도로 엔고가 더 심화된다면 초긴장 모드에 돌입해야 할 것이다(가장 좋은 건 완만한 속도의 엔화 약세이다). 자본주의 시스템의 경기 변곡점 타이밍이기 때문이다.

"매뉴얼대로만 움직여서 어떡할래?"

웬만한 일본인들은 착한 것처럼 보인다. 하지만 이런 일본인에 대한 정확한 표현은 "착해"가 아니라 "매뉴얼이 착해"이다. 일본인은 매뉴얼대로 움직인다. 일본에 가 보면 편의점 아르바이트생들 정말 친절하다. 막노동 일꾼들도 참 예의 바르게 일한다. 일본인은 폭탄이 바로 옆에 떨어져도 앞사람을 밀지 않고 줄을 선다. 하지만 이건 자율의지 때문에 착한 게 아니다. 매뉴얼 때문이다. 착하고 싶어서 착해진 게 아니라 매뉴얼 때문에 본인의 의지와는 상관없이 착한 사람이 돼 버린 것이다.

20년 가까이 이어지고 있는 일본경제 부진의 원인도 이런 일본인의 매뉴얼 행동에서 찾아볼 수도 있다. 가령 전 세계가 인플레이션 때문에 난리인데 일본은 물가가 떨어져 걱정이다. 왜 이런 현상이 나타난 것일까. 일본 국민이 매뉴얼대로 검소하기 때문이다. 대부분 일본인들은 절약이 몸에 배어 있고, 많이 먹지도 않는다. 욕심도 별로 없다. 그래서 소비가 죽었고, 경제가 멈춰 버린 것이다.

지난 2011년 미국에선 도요타를 비롯한 일본 자동차에 대한 대규모 리콜이 펼쳐졌다. 당시 많은 자동차 전문가들은 고개를 갸웃거렸다. '음모'라는 것이다. 누가 뭐래도 일본 차는 건재한데 집중 공격을 받는 것이 이상하다는 반응이었다. 하지만 정작 일본은 고개만 숙였다. 변명이나 반항 한마디 없었다. 그렇게 반응하는 게 매뉴얼이라서 그렇다. 최근 게임 분야에서 소니와 닌텐도가 한계에 봉착한 것도 매뉴얼 때문이다. 언젠가부터 소비자는 일본 게임에 열광하지 않는다. 매뉴얼대로만 움직이는 상황이 전혀 매력적이지 않다.

하지만 이런 일본인의 국민성을 아주 사랑하는 곳이 있다. 바로 자본이다. 그래서 자본은 꼭 뭔가 거대 프로젝트를 기획할 때 일본이란 국가를 매우 중요한 조연배우로 활용한다. 자신들의 각본대로 한 치의 오차 없이 움직이는 일본인들이 너무 좋다.

정말 말도 안 되게, 이해할 수도 없게, 미스터리한, '불황 20년'을 보내고 있는 일본 경제. 난 붕괴만 남았다고 보는 입장이다. 정확히 말하면 자본이 세계 경제 파국의 트리거로 엔화와 일본(경제)의 파국을 활용할 가능성이 높다고 본다.

물론 나의 전망이 틀릴 수도 있다. 자본이 맘을 바꾸면 그야말로 지난 1980년대처럼 미스터리 신공을 발휘해 역전에 성공할 수 있으니까 말이다. 그래서 우린 일본 경제가 향후 어떤 방향으로 나아갈지를 앞서 말한 3가지 코드를 확인하면서 따라 붙어야 한다.

우선 일본 정부가 자국민에게 진 빚을 획기적으로 갚는다거나(또는 그런 노력을 한다거나), 엔화 강세가 완만한 속도로 약세로 바뀐다거나, 일본인들이 '각성해' 매뉴얼이 아닌 자유의지로 행동하게 된다면 이것은 일본 경제의 회복 사인이 될 것이다. 이렇게만 된다면 일본은 살아날 수 있다. 자본이 한 번 더 일본을 띄워 줄 거라는 신호로 봐도 좋다. 일본 증시 닛케이225가 1989년의 3만 8957포인트까지는 아니지만 1만 3000선은 여유롭게 상향 돌파할 수도 있다.

반면에 일본이 어떤 이유에서든 — 재정 위기의 폭발 등 — 보유하고 있는 미 국채를 매도하는 순간이 온다면 이것은 세계 경제에 엄청난 위기의 시작이라고 봐야 한다. 왜냐하면 미 국채 매도는 미국 달러화 붕괴를 촉발하는 계기도 되지만 역설적으로 엔화의 급격한 초강세를 촉발하는 원인도 된다(미 국채 매도 대금이 엔화로 환전돼 본국에 송환되기 때문이다). 이렇게 되면 미국도, 일본도 함께 몰락의 길로 가는 것이고 세계 경제가 함께 침몰하게 된다.

그렇지만 자본은 마지막 순간까지 다람쥐 쳇바퀴를 계속 돌릴 것이다. 일본은 일본 국민에게 빚을 지고 이 돈으로 허물어져 가는 미국 달러화(미국 국채)를 사 주고, 일본 중앙은행(BOJ)은 엔화 강세가 두려워 시중에 엔화를 풀면서 거품을 만들고, 일본 국민은 자율의지의 '각성' 대신 매뉴얼대로 살면서 일본 국채를 사는 방식 말이다.

어쩌면 이런 현상 유지를 하는 게 일본인에게는 가장 좋은 시나리오일 수도 있겠다. 그들은 이미 여기에 익숙해졌기 때문이다. 하지만 자본은 곧 행동 개시에 나설 것이다. 그리고 미스터리한 일본 경제는 늘 그래왔던 것처럼 자본의 충실한 도구가 될 가능성이 매우 높다.

13_ "달러를 가질래, 석유를 가질래?"

자본이 묻는다. "달러를 가질래? 아니면 석유를 가질래?"

■그런데 자본이 정말 석유와 달러를 동시에 버린다면 이후 어떤 것이 이들을 대체하게 될까. 바꿔 말하면 자본은 어떤 새로운 좌청룡과 우백호를 염두에 두고 있는 것일까.

13_ "달러를 가질래, 석유를 가질래?"

자본이 묻는다. "달러를 가질래? 아니면 석유를 가질래?"

자본주의 시스템에서는 달러와 석유가 씨줄과 날줄처럼 얽혀 있다. 바꿔 말하면 자본은 달러와 석유를 모두 손에 쥐고 세계 경제를 돌리고 있다고 생각하면 쉬울 것이다. 그럼 달러와 석유 모두 살려도 자본은 승리하고, 달러를 살리고 석유를 죽이거나 혹은 달러를 죽이고 석유를 살려도 자본은 남는 장사를 하는 셈이다.

그런데, 그런데 말이다. 만약 달러와 석유를 모두 죽여 버리면 자본주의 시스템은 어떻게 될까. 자신의 좌청룡 우백호를 모두 스스로 베어 버리면 자본은 이제 어떻게 전쟁을 치를 수 있을까.

자신이 한때 '프리메이슨(Freemason)'이었다고 주장하는 사람을 만난 적이 있다. 그는 내게 불쑥 이런 말을 던졌다.

"10년 후엔 해외여행 자체가 불가능할 거예요."

"네?"

"비행기를 아무나 못 탈 것이니까요. 기름 값이 10배 이상은 올라 티켓 값이 수천만 원은 될 겁니다. 전기 차는 몰라도 전기 비행기는 상용화가 쉽지 않을 거예요."

그러려니 했다. 다 나름의 경제적 통찰은 갖고 있는 거니까. 그런데 이 남자는 이어 이런 질문을 던졌다.

"지구상에 기름이 얼마나 있는지 알아요? 매장량이 얼마나 되냐고요? 참 신기해요. 달나라는 물론이고 천왕성으로 날아가는 시점에 원유가 얼마나 남았는지 정확하게 아는 사람이 없다니까요. 말도 안 돼요."

1880년대까지 석유는 집안에 등불을 켜는 데 필요한 끈적거리는 '검은 물'에 불과했다. 특히, 1879년 에디슨이 백열전등을 발명한 후에 석유는 등불 역할마저 잃고 찬밥 신세로 전락했다.

이런 석유의 운명을 바꿔 놓은 건 바로 자동차였다. 1886년 독일의 고트립 다임러와 칼 벤츠가 세계 최초로 휘발유 자동차를 발명하자 상황은 급반전됐다. 이어 1895년에 프랑스의 미쉐린 형제가 자동차용 타이어를 발명하면서 자동차는 산업이 됐고, 석유는 인류의 화려한 슈퍼스타가 됐다. 그렇게 100년 넘게 석유 시대는 지금까지 이어지고 있다.

하지만 꽤 많은 학자들이 최근 이런 질문을 던지고 있다. 대체 석유 시대는 언제까지 이어질 수 있을까. 앞으로 10년 후에도 우린 지금처럼 자유롭게 자동차를 몰고, 비행기를 타고 세계 이곳저곳을 다닐 수 있을까. 석유가 사라진다면 어떤 일들이 벌어질까.

도대체 석유는 얼마나 남아 있는 거야?

만약 내일 이스라엘의 비행기가 이란을 공습한다고 해도 지금으로선 전혀 이상할 게 없다. 아니, 어쩌면 이 글을 읽고 있는 순간 이미 공격했을 수도 있다. 그런데 재미난 건 이스라엘과 이란의 국지전이 이역만리 대한민국 경제를 압박한다는 사실이다. 왜일까. 바로 석유 때문이다.

'이스라엘 비행기가 공습을 했다'는 1보만 떠도 순간 국제유가는 폭등할 것이고, 기름 한 방울 나지 않는 한국은 유가 상승에 따른 제조 원가 상승으로 수출 가격 경쟁력이 크게 떨어질 것이다. 대내적으로는 기름 값이 리터당 3,000원까지 치솟으면서 인플레이션 압박이 커지고, 소비자들은 지갑을 닫고, 기업이 흔들리는 등 교과서에 자주 등장하는 익숙한 악순환이 시작될 것이다.

이뿐만이 아니다. 꼭 이런 국지전이 터지지 않아도 상황은 악화될 수 있다. 핵 개발 이슈를 놓고 국제사회가 이란을 극단적으로 고립시킬 경우 이란은 언제든 호르무즈(Hormuz) 해협을 봉쇄할 능력을 갖고 있다. 그런데 이란 옆에 위치한 이 호르무즈 해협은 세계 원유 생산 및 교역 물량의 약 30%가 통과하는 지역이다. 결국 이란 마음먹기에 따라 세계 경제가 휘청댄다는 것인데, 이 모든 상황이 결국 그놈의 석유에서 비롯된다.

하지만 이처럼 석유에 대해 세계 경제가 매번 휘둘리는 더 정확한 이유는 그 누구도 원유 매장량을 알지 못한다는 사실에서 찾을 수 있다. 인간은 끝을 정확하게 알지 못할 때 두려움을 느낀다. 그래서 주식 투자에서도 '불확실성'이 가장 무서운 악재라고 항상 얘기한다.

만약 5년 내에 원유가 모두 고갈된다고 해보자. 얼핏 무섭고 떨리지만 이렇게 되면 오히려 인류는 재빠르게 해법을 찾을 수 있다. 전 세계가 똘똘 뭉쳐 태양에너지를 개발하고, 돈을 쏟아 부어 신재생 에너지를 찾아내고 상용화시키고야 말 것이다. 이뿐만이 아니다. 정말 매장량이 이것뿐이라면 세계인이 모두 초절정 절약 모드에 돌입해 석유 사용 기간을 10년, 15년으로 늘릴 수도 있다.

그러나 현재로선 원유 매장량에 대해 알 길이 없다. 다들 저마다의 분석을 내놓고 있을 뿐이다. 미국지질연구소는 1조 7,000억 배럴이라 하고 중동 지역 전문가들은 10조 배럴 이상이 아직 땅 속에 묻혀 있다고 한다. 반면 채 1조 배럴도 되지 않는다는 주장도 있다. 그래서 이와 연계된 석유 생산 피크설도 다양하다. 이미 정점이 지났다는 의견(2007년 정점설), 2010년 정점 이론, 2040년까지는 무난하다는 주장도 있다. 최근에는 카스피 해와 알래스카 자연보호 구역 등 신종 매장 지역에서 5,000억 배럴 이상이 새로 발견돼 2050년 이후로 피크(peak)를 미룰 수도 있다는 설도 나왔다.

그래서 일각에선 "일부러 원유 매장량을 세상에 알리지 않는다"고 주장한다. 일견 타당한 측면도 있다. 자본이 석유 뒤에 숨어 시장을 좌지우지하려는 의도를 갖고 있다면 가능한 일이다.

달러를 가질래, 석유를 가질래?

석유와 함께 항상 등장하는 단어가 있다. 바로 '달러'이다. 오일달러라는 말도 있고, 페트로 달러(petro-dollar)라는 용어도 자주 등장한다. '석유를 팔아서 번 달러'라는 의미이다. 하지만 그 속뜻을 보면 이건 달러로만 석유 대금을 결제할 수 있는, 현재의 세계 통화 결제 구조를 가리킨다. 실제로 현재 거의 모든 원유 거래는 미국 달러화를 통해서만 결제가 이루어진다. 달러가 없다면 석유도 없다는 이야기이다.

지난 2003년에 미국이 이라크를 침공한 사건 역시 석유에서 그 원인을 찾는 사람들이 적지 않다. 왜 9·11 테러의 장본인인 오사마 빈 라덴이 아니라 사담 후세인이 타깃이 됐는지 진짜 의문스럽기도 하다. 오사마 빈 라덴과 사담 후세인이 결탁했다는 미국 주장도 믿기 힘들다. 오사마 빈 라덴이 이슬람 원리주의 계열의 과격파라면 사담 후세인은 아랍 통일에 심취한 쪽이었기 때문이다.

그래서 상당수 전문가들은 2000년 9월 사담 후세인이 이라크 산 원유 결제 수단을 달러가 아닌 유로화로 바꿨다는 점에 초점을 맞추고 있다. 후세인이 달러뿐 아니라 유로화로도 석유를 사고팔 수 있게 하려고 시도했다는 것. 이처럼 무소불위의 권력인 달러화에 모욕을 준 후세인의 행동이 미국의 심기를 건드렸고 결국 이라크가 침공당했다는 분석이다.

이뿐만이 아니다. 그렇게 오랜 기간 무지막지한 권력을 휘두르던 아프리카 대륙 리비아의 카다피는 왜 그렇게 갑자기, 단기간에, 그렇게 처참하게 무너졌는가. 이 역시 자국의 에너지 수출 대금 결제 수단에서 달러를 배제하려 했기 때문이라는 해석이 설득력을 얻고 있다.

이처럼 달러와 석유는 애증의 관계를 맺고 있다. 서로가 서로의 이름을 불러줘야만 비로소 '꽃'이 되는 존재이지만 또 왜 그렇게 서로를 싫어하는지도 모르겠다. 실제로 달러의 인기가 높아지면 석유 가격이 떨어지고, 반대로 석유 가격이 급등하면 달러의 가치가 떨어진다. 특히 달러에 대한 인기가 떨어져 모두 달러를 버리고 석유를 가지려고 할 때면 꼭 특별한 이벤트(?)가 발생해 달러와 석유의 위치가 바뀌곤 한다. 국제유가는 급락하고 달러 가치는 폭등하는 일이 발생하는 것이다. 가령 지난 2008년 말 세계금융위기 때 배럴당 150달러에서 움직이던 WTI(서부 텍사스 산 중질유) 국제유가는 40달러대까지 급락했지만 당시 달러 인덱스는 폭등했다.

이런 묘한 상관관계 때문에 그 누구도 '석유를 가질래, 아니면 달러를 가질래?'라는 질문에 선뜻 대답을 하지 못한다. 달러를 버리자니 유가가 곧 급락할 것 같고, 그렇다고 달러에 목을 매자니 한순간 휴지조각이 될 것 같아 실물자산인 원유가 더 소중해 보인다. 그간 자본은 이 애증의 관계를 잘 이용해 왔다. 달러를 찍어 내 중동국가에 주고 석유를 받아 사용했으며, 아랍왕자들은 석유로 벌어들인 달러를 다시 자본에게 갖다 바쳤다. 그리고 자본은 항상 우리에게 이렇게 물었다. '달러와 석유 중 어떤 것을 가질래?'라고.

달러는 싸서, 원유는 귀해서 죽는다

그런데 이번엔 자본이 생각을 좀 달리하는 것 같다. 뭔가 끝장을 보려는 기세다. 이번엔 선택의 문제도 아니다. 단적으로 말해, 자본은 달러와 석유, 이 두 가지 모두를 버릴 가능성이 매우 높기 때문이다. 지난 1992년 브라질 리우 회의에서 기후협약서가 등장했다. 이어 지구온난화 문제가 급속도로 전 세계에 확산되고, 이산화탄소를 마치 '병균'처럼 몰아가면서 탄소 배출권 논의를 시작했다. 아마도 자본은 이때 이미 석유의 마지막을 생각하고 있었던 것 같다. 석유의 매장량이 끝에 이르렀다는 사실을 파악하고 있었다는 뜻이다.

전 지구적으로 '녹색혁명'을 외치는 상황이 마치 일종의 정의로움으로 인식됐을 때 우리는 '석유가 드디어 한계점에 왔구나!'라고 통찰할 수 있어야 한다. 석유의 고갈. 자본도 어쩔 수 없다. 결국 석유는 너무 귀해져서 죽는다고 봐야 한다.

그런데 문제는 지금부터다. 자본 입장에서 알파와 오메가 패턴인 석유와 달러 중 석유가 사라진다면 굳이 달러도 손에 쥘 필요가 없기 때문이다. 그렇다면 자본은 달러 역시 버린다는 쪽으로 예상해 볼 수 있다. 다시 한 번 생각해 보자. 자본은 그 동안은 석유를 누르면서 달러를 살렸고, 달러를 한동안 바보 취급하면서 반대로 석유를 키워 주었다.

하지만 이번엔 상황이 완전 다르다. 석유가 스스로 완전히 죽어 버리는 것이기 때문이다. 잠깐 소강상태에 빠지는 게 아니라 아예 판을 끝내 버리는 상황이다. 그렇다면 자본 입장에서 석유의 파트너인 달러 역시 존재 의의를 잃어버린다. 결국 우린 석유가 마지막을 향해 가고 있다면 달러 역시 마지막을 향해 달리고 있다고 통찰해야 한다. 그렇다면 달러는 어떻게 사망하게 될까. 아마도 석유와는 반대로 너무 싸서, 너무 흔해서 스스로의 운명을 다할 것 같다. 이것은 앞서 말한 종이돈의 최후, 미국이란 제국의 몰락과도 궤를 같이한다. 다만 이때도 주의할 점은 있다. 향후 진행 상황이 정반대로 흘러간다면 통찰 역시 전면 수정해야 한다는 것이다. 가령 동해에 지상 최대의 유전이 발견돼 앞으로 한 100년은 맘 놓고 석유를 쓸 수 있다든지, 미국이 힘을 내 달러가 기축통화 지위를 확고하게 지켜 나간다면 이때는 자본주의 시스템이 '페트로 달러'를 좀 더 갖고 놀아 보겠다는 속셈이라고 봐야 한다.

"내 손자는 도로 낙타를 타고 다닐 것이다"

그런데 자본이 정말 석유와 달러를 동시에 버린다면 이후 어떤 것이 이들을 대체하게 될까. 바꿔 말하면 자본은 어떤 새로운 좌청룡과 우백호를 염두에 두고 있는 것일까.

먼저 석유의 대체물로는 희토류 광물을 꼽을 수 있다. 희토류는 그야말로 녹색혁명의 대표 녹색자원이다. 네오디뮴, 세륨, 디스프로슘 등 란탄 계열 원소 15개(57번에서 71번)와 스칸듐·이트륨을 일컫는 희토류 광물은 고온 초전도체, 액정표시장치(LCD), 발광다이오드(LED), 하이브리드 자동차 및 전기 자동차, 풍력발전 터빈, 광 신호 증폭 케

이블, 미사일 등 첨단 산업에 두루 쓰이는 필수 자원이다.

특히 재미있는 부분은 2010년 말 현재 희토류 광물은 전 세계 매장량의 절반, 그리고 생산량(공급량)의 95%를 중국이 차지하고 있다는 사실이다. 차기 패권국 후보 1순위인 중국이 차세대 핵심 자원인 희토류를 독점하고 있다는 것. 자본의 구상이 척척 아귀가 맞아 들어간다는 느낌을 받게 된다. 미국(달러)을 버리고 원유를 포기하는 것이, 실은 장기간 정교하게 구상된 계획을 실천하고 있었던 것이다.

달러 다음의 기축통화는 앞서도 설명했듯 국제통화기금(IMF)이 발행하는 특별인출권(SDR) '시스템'의 형식을 빌려 온, 지역 통화 3개~5개가 혼합된 모습일 것 같다. 달러/캐나다 달러/멕시코 페소화 등이 하나로 뭉쳐 한 개의 지역 통화(아메로화)가 나오고, 한국과 중국 일본이 합쳐 또 다른 지역 통화, 여기에 유럽 대륙의 유로화 등이 서로 교환하는 방식이 될 것이다. 그리고 이 지역 통화들은 앞서 희토류와 이산화탄소를 거래하면서 빠르게 전 세계로 확산되고 정착될 가능성이 높다. 이런 구도는 앞서 달러와 원유가 한 몸처럼 놀던 '페트로 달러' 형식과 매우 흡사하다고 보면 된다.

그런데 진짜로 석유 시대가 마감하게 된다면 그 다음엔 정말 꽤 오랜 기간 우리네 생활은 힘들 수 있다. 어쩌면 내 아들은 진짜로 꽤 오랜 기간 비행기를 탈 수 없을지도 모르겠다. 그래서일까. 영험한 이슬람의 선지자들은 아주 오래 전부터 이런 말을 했다고 한다.

"아버지는 낙타를, 난 자동차를, 그리고 내 아들은 제트기를 몰고 다닌다. 그러나 내 손자는 도로 낙타를 타고 다닐 것이다."

14_ 금은 굉장히 미스터리한 녀석
사람들은 종종 금이 자본을 이겨 줄 거라는 착각을 한다.

■"그럼 지금까지 돈을 무슨 기준으로 찍어 냈지?
아니, 달러 발행의 기준은 뭐였어?"

14_ 금은 굉장히 미스터리한 녀석

사람들은 종종 금이 자본을 이겨 줄 거라는 착각을 한다.

"지금부터는 무조건 금입니다. 어서 빨리 금을 사야 합니다."
이런 말을 하는 재테크 전문가가 최근 크게 늘었다. 10명 중 한 6명은 되는 것 같다. 논거는 간단하다. 시중에 유동성이 너무 많이 풀려서 향후 하이퍼인플레이션이 우려된다는 것이다. 여기에 세계 기축통화인 달러가 심상치 않다는 점도 한몫했다. 요즘엔 어느 정도 경제에 관심이 있는 사람이라면 미국은 절대로 자신들이 진 빚을 갚을 수 없다는 것을 알고 있다. 이처럼 '달러의 위기'가 초래될 수 있다는 가능성이 그 어느 때보다 높아진 상황에서 사람들은 속속 금으로 몰려들고 있다.
그런데 꼭 인플레이션 때문만은 아니다. 금은 인플레이션뿐 아니라 디플레이션(실물가치 절하) 상황에서도 큰 힘을 발휘하기 때문이다.

만약 앞으로 강남 아파트 가격이 절반으로 떨어지는 상황이 온다면 그때 그나마 제값을 지키는 투자자산은 금이 될 것이다. 실제로 이미 국제 금값은 온스당 1,700달러를 가뿐하게 넘어섰고, 국내 금 소매가격도 한 돈당 20만 원을 넘어선 지 오래다. 그리고 달러 가치가 떨어지면 떨어질수록 금 가격은 반비례해서 오르고 있다. 일단 여기까지가 현실이다. 간단하다. 최소한 금에 투자하면 잃을 것은 없을 것도 같다.

자, 그렇다면 이제 이렇게 한번 물어 보겠다. 여러분은 정말 모든 것을 금에 쏟아 부을 것입니까? 미 달러화는 지속적으로 힘을 잃어버릴 것이 확실하니까 금만 있으면 '대박'을 터뜨릴 수 있다고 생각하십니까? 금이 진짜로 그렇게 대단하다고 생각합니까?

안타깝게도 이런 질문에 대한 대답은 간단하지가 않다. 금 때문이 아니다. 바로 달러 때문이다. 더 정확히 말하면 자본의 의중을 알 수 없기 때문이기도 하다. 앞의 질문은 결국 자본주의 시스템이 이제 달러를 버리고 금을 기반으로 한 새로운 '금태환(금에 가치를 고정시켜 교환이 가능)' 체제로 돌아갈 것인지 여부를 묻는 것이어서 그렇다. 자본이 달러의 대용물로 지역 통화나 세계 단일 통화가 아닌 금을 기준으로 한 기축통화로 갈지 도대체 알 수 없기 때문이다(참고로 말하면 난 금태환 기축통화에 회의적이다).

이처럼 금에 대한 투자는 '달러의 미래'와 밀접한 관련이 있어 예측을 어렵게 한다. 달러란 놈이 워낙 많은 변수를 갖고 있어 금 역시 엄청난 변동성 위험을 갖는 것이다. 향후 금 가격이 뛰어올라 2~3년 내에 온스당 3,000달러까지 갈 수도 있다. 하지만 온스당 1,000달러 밑으로 밀릴 가능성도 배제할 수가 없다. 더구나 금값이 폭등한다고 해서 반드시 대박을 치는 것도 아니다. 실제로 지난 1933년 미국 대공황이 한창일 때 프랭클린 루즈벨트 대통령은 느닷없이 개인의 사적인 금 소유를 금지시킨 사례가 있었다. 개인이 갖고 있던 금을 국가가 모두 뺏어 버린 것이다. 그래서 공황 초반부 금을 들고 있던 사람은 대박을 쳤지만 그 행복은 너무 짧게 끝이 나 버렸다.

금은 굉장히 미스터리한 녀석이다. 하지만 한 가지 명확한 점은 있다. 국제 금값의 향방을 보면 달러의 운명을 알 수 있고, 향후 경제 흐름이 어떤 방향으로 갈지 예측해 볼 수 있고, 나아가 자본의 속내를 읽을 수 있다는 사실이다.

금이 도대체 뭐길래

도대체 금이 뭐길래, 금이 뭐가 그리 대단하다고 난리를 치는 것일까. 우리가 생활하는 데 있어 금이 없다고 큰 문제가 일어나지는 않는다. 금은 사실 일종의 돌덩이에 불과하다.

그러나 금은 결코 '실용'의 산물이 아니다. 금은 인류 경제생활의 역사를 한 몸에 간직하고 있는 상징적인 존재다. 기원전부터 똑똑하다고 자부하는 사람들은 모두 금을 만들려고 안달을 냈다. 중세 시대에는 연금술사라는 직업이 있어서 철, 구리 등과 같은 각종 광물을 섞어 금을 '창조'해 내려고 했다. 하지만 모두 실패했다. 지금도 마찬가지다. 다이아몬드는 만들어 낼 수 있지만 금은 만들어 낼 수 없다.

그래서 과거 사람들은 금을 '화폐'로 사용했다. 앞서 말한 것처럼 금은 창조할 수 없고 복제가 불가능한 데다 깨지거나 훼손되지도 않는다. 매장량도 적당하다. 너무 많지도, 아주 희귀하지도 않다. 석유와 달리 매장 지역도 전 세계적으로 넓게 포진돼 있다. 그래서 사람들은 금에 신뢰와 믿음을 주었고, 금을 녹여 화폐로 만들어 각종 거래를 했다. 이처럼 금은 수백 년 이상의 시간 동안 인류 경제 발전에 혁혁한 공로를 세웠다.

이런 금의 역사 때문에 우리는 지금도 가장 확실한 기준이 필요할 때 금을 찾는다. 특히 판을 깨고 '헤쳐 모여!'를 외치게 될 때 '기준'을 삼을 수 있는 것은 금밖에 없다.

최근 중국은 금 매입에 열을 올리고 있다. 세계에서 무역수지 흑자 규모로 독일과 1, 2위를 다투는 중국이 그간 죽어라 미국 국채를 사 모으더니 이젠 금을 열심히 사고 있는 것이다. 분명 중국도 뭔가를 느끼고 있다고 봐야 한다. '달러'로 기준을 잡아가던 세계 경제의 판이 자칫 깨질지도 모른다는 것을 말이다. 만약 새로운 세계 기축통화 체제가 기존 SDR 형식 — 3~5개 지역 공동체 대표 통화가 합쳐진 형식 — 이 아니라 금태환 쪽으로 가닥이 잡힌다면 수요가 단기간 폭증해 금 가치는 폭등할 수 있다. 금이 여전히 돈으로 남을지 아니면 돌멩이가 될지 판가름 날 시간이 얼마 남지 않은 듯하다.

달러의 시작은 '금의 힘'이었다

"그럼 지금까지 돈을 무슨 기준으로 찍어 냈지? 아니, 달러 발행의 기준은 뭐였어?"

자연스럽게 드는 질문이다. 단적으로, 미국은 대체 어떤 기준에 입각해 달러를 찍어 내느냐 하는 질문이다.

정답은 '달러는 달러가 기준이다'이다. 그렇다. 달러 자체가 기준이다. 미국, 엄밀히 말해 FRB(연방준비은행)가 자신들의 편의대로, 자신들의 옳고 그름에 따라 그동안 달러의 공급을 조절했다. 따라서 미국은 천문학적인 경상수지 적자 규모에도 불구하고 아무것도 걱정할 필요가 없다. 그냥 달러를 찍어 내면 되니까. 물론 겉으로는 금리 인상, 인하라는 금리 정책을 통해 세련되게 달러의 공급량을 조절해 나가고 있다.

하지만 여기서 또 한 가지 질문이 생긴다.

"그런데 누가 달러에 이런 막대한 권력을 준 거야?"

시작에는 전쟁이 있었다. 단기간에 엄청난 규모의 세계대전을 2번이나 치르고 난 직후인 1944년 세계는 뒤숭숭했다. 모두들 자책했고, 모두가 실의와 슬픔에 빠져 있었다. 바로 이때 미국은 은근슬쩍 '유엔 화폐 금융 컨퍼런스'라는 것을 개최하고 달러를 세계 기축통화로 격상시키는 데 성공한다. 이것이 바로 그 유명한 '브레튼 우즈' 협정이다.

물론 당시 달러를 세계 기축통화로 사용하자는 의견에 각국 경제 수반들은 쉽게 동의하지 않았다. "달러가 뭐 대단하다고?"라는 반문이었다. 사실 그때는 영국 파운드화의 위력이 더 컸다. 그러자 미국은 회심의 카드를 들고 나온다. 바로 당시 달러의 가치를 금에 연계시키면 된다는 아이디어였다. 이것이 바로 20세기에 새롭게 등장한 금태환 정책인 브레튼 우즈 협정의 핵심 콘셉트이다(노골적으로 말하면 달러가 기축통화 자리에 오르기 위해 금의 힘을 빌려 온 것이다). 그리곤 이렇게 말했다.

"다 편하자고 하는 겁니다. 하하하. 이름만 달러지, 실은 금입니다. 어때요? 금이라면 믿을 만하죠? 이제 전쟁도 끝났고, 달러를 기축통화로 놓고 우리 열심히 경제를 재건해 봅시다."

이게 불과 60년 전의 일이었다. 달러의 기축통화 과정은 이처럼 금의 지위를 빌어 시작됐다.

한동안 잘나가던 '브레튼 우즈' 체제는 1960년대 후반 삐걱거리게 된다. 주범은 다름 아닌 달러의 국가 미국 자신이었다. 당시 미국은 '위대한 사회(Great Society, 1960년대에 추구한 빈곤 추방 및 경제 번영 정책)'라는 사회보장 시스템과 월남전으로 인한 지출 증가로 달러를 미친 듯 찍어 냈다. 자신들이 달러와 금의 가치를 고정시키겠다고 약속해 놓고서는 스스로 이 약속을 깬 것이다.

이처럼 미국이 달러를 남발해 가치가 하락하자 각국은 "이럴 줄 알았다"라고 불평하면서 달러를 팔고 금을 사들이기 시작했다. 설상가상 1971년 당시 닉슨 대통령이 스스로 "더 이상 달러와 금을 바꾸어 줄 수 없다"는 '금태환 정지 선언'을 하면서 달러는 결정타를 맞는다. 이렇게 금태환을 표방하던 브레튼 우즈 체제는 그대로 붕괴됐다.

그런데 핵심 관전 포인트는 바로 이때부터다. 원칙대로라면 달러는 그 자리에서 쫓겨나야만 했다. 금과의 연관마저 없어졌으니 더욱 그랬다. 하지만 이게 웬걸, 상황은 다른 국면으로 흘러갔다. 1971년 미국 워싱턴의 스미소니언 박물관에서 선진 10개국의 재무장관 및 중앙은행 총재회의가 개최됐는데 뜻밖의 결론이 도출된 것이다.

"금에 고정된 달러보다 금태환을 상실한 달러가 신축성이 더 좋습니다. 금에다 달러를 묶는 금태환 제도를 이번에 바꾸고, 이참에 고정환율제까지 고쳐봅시다. 달러를 자유롭게 두고, 대신 각국의 환율도 자유롭게 변하게 하면 되는 것 아닙니까? 가령 달러 가치가 떨어지면 다른 국가 통화 가치가 오를 테니까 시장에서 자동으로 결정될 수 있어서 정말 합리적이지 않습니까? 일단 환율 변동 폭을 상하 각 2.25%로 두고 시작해 봅시다."

이렇게 조정 가능한 고정환율제도인 스미소니언 체제가 시작됐다. 달러의 기준이 달러가 되는 본격적인 '달러 체제'의 출발이었다. 달러를 죄고 있던 금이란 족쇄를 푸는 것과 동시에 각국의 환율까지 자유롭게 움직이게 만들어 버린 것이다.

이때만 해도 사람들은 이것이 바로 몇 년 후부터 시작될 완전 변동환율제의 전주곡이 될 줄은 몰랐다. 그것이 어떻게 자신들의 나라를 노예화시킬지에 대해서도 무지했다.

금을 버린 후 달러가 '금'이 되다

금을 버린 후 달러는 승승장구했다. 달러 발행 기준이 바로 달러 자신이 됐고, 세계 각국의 자국 통화 가치는 달러 가치와 연동됐다. 게다가 우연인지 필연인지 스미소니언 체제가 출범한 지 6개월 만인 1972년 6월 영국은 투기 세력에 의한 파운드화 파동을 견디지 못하고 변동환율제를 채택하게 된다. 이로써 달러는 마지막 남은 경쟁자 파운드화를 자신의 밑으로 끌어오게 된 것이다(그 후 파운드화는 1990년 유럽환율 제도에 가입해 환율을 고정시키는데, 이때는 조지 소로스에게 당하게 된다).

이후 1976년 1월, 이제 본격 변동환율 체제인 킹스턴 체제가 출범하게 된다.

이 '변동환율 제도'라는 건 달러의 입장에선 그야말로 최고의 무기이다. 실제로 과거 고정환율 제도나 복수통화바스켓 제도(조정 가능한 고정환율 제도)에서 변동환율 제도로 바뀌는 과정에서 해당국은 무조건 '달러'에 당해 왔다. 영국도, 남미도, 태국도, 그리고 대한민국도 그랬다. 복잡한 과정을 단순화시켜 설명하면 이런 식이다.

고정환율 제도를 취하고 있는 국가가 열심히 일해 큰 폭의 무역흑자를 냈고 많은 양의 달러를 벌어들였다고 해 보자. 그럼 달러가 흔해져 해당국 통화 가치는 올라가야 한다. 하지만 고정환율이기 때문에 해당국 통화 가치는 그냥 고정돼야만 하고, 이를 위해 금융당국은 시중에 풀린 달러를 사들여야만 한다. 그럼 이때 해당국에는 통화량이 증가하고 버블이라는 것이 슬슬 끼게 된다. 국민들 또한 한 명 두 명

돈 쓰는 재미를 알게 된다.

이렇게 되면 정부는 시중에 풀린 통화량을 회수하려고 채권을 발행하고, 이자율을 올리는데 이 과정에서 상황은 오히려 악화된다. 높은 이자율을 보고 해외 자금이 다시 대규모로 유입되기 때문이다. 그럼 국민들은 더 즐기고, 더 많이 쓰고, 더 높은 임금을 요구하고, 그리고 '덜' 일하게 된다. 또한 수입은 빠르게 늘고, 수출은 비슷한 속도로 줄어들면서 불과 몇 년 만에 이 국가는 무역 흑자국에서 적자국으로 돌아서게 된다.

이런 상황이 되면 이제 반대로 해당국 통화 가치는 떨어져야 한다. 그렇지만 고정환율제에선 달러 대비 환율이 멈춰 있기에 해당국 통화가 고평가되는 상황을 맞이한다. 그럼 이때 정부는 시중에 달러를 풀어 자국 통화 가치를 맞춰 놓아야 한다. 하지만 막상 이런 상황이 오면 외환 창고는 텅 비어 있게 마련이다. 더 이상 무역흑자를 낼 수도 없는 데다 그간 높아진 자국 통화 가치를 이용해 많은 자금도 빌려 쓴 터라 오히려 빚이 더 많다.

바로 이때 달러의 공격은 시작된다. 먼저 해외 투기 자금이 해당국 통화를 팔아 치운다. 그러면서 소문을 낸다. "달러에 비해 너무나 고평가되어 있다"고. 그러면 기다렸다는 듯 그간 이 국가에 투자를 했던 사람이나 달러를 빌려줬던 사람들이 일순 돈을 빼 나간다. 그럼 이 국가는 펀더멘털과 상관없이 순간적인 유동성 부족과 병목현상으로 단기간 부도 위험을 맞는데, 바로 이 순간 IMF가 등장한다. 그러고는 치유법을 말해 준다.

"그러길래 누가 고정환율 제도 하랬어? 빨리 변동환율 제도로 바꿔.

그리고 너네 통화 가치를 끌어올려야 하니까 금리를 두 배쯤 올려. 참, 지금 외환 창고가 텅텅 비었지? 어서 빨리 건물 팔고, 기업 팔고, 땅 팔고, 인간 팔아서 달러를 두둑하게 채워. 시간이 급하다고? 그럼 갖고 있는 금 싹싹 긁어서 가져와. 내가 달러로 바꿔 줄 테니까."

달러는 죽고 금은 산다고?

그렇게 달러는 참 많이 해먹었다. 중국을 제외한 아시아는 물론 냉전 시대 이후의 동유럽 국가들도 모두 당했다. 아예 일본의 엔화는 '실험용 쥐'처럼 달러의 종노릇을 했다. 달러는 강했다. 이때 '강했다'는 말은 달러 가치가 항상 높았다는 이야기가 아니다. 달러가 강세든, 혹은 약세든 상관없이 달러는 그 자체로 태양신 같은 존재였다는 뜻이다. 특히 FRB는 금리를 내리고 올리면서 세계 경제에 버블을 만들었다가 터트리는 과정을 수도 없이 반복했다.

그럼 그 동안 금은 무엇을 하고 있었는가. 이 과정에서 금은 숨을 죽이고 있었다. 1980년부터 2007년 중반까지 20년 넘게 금값은 온스당 300~600달러 박스권에 갇혀 있었다. '똥' 빼곤 모든 자산 가격이 몇 배씩 올랐건만 유독 금만 그대로였다. 그런데 2007년 하반기로 접어들면서 금 가격이 폭등하기 시작했다. 거침없이 박스 상단을 뚫어 버리면서 마지노선으로 불리던 1,000달러를 가뿐하게 넘어선 것. 가장 큰 이유는 달러의 정체가 밝혀지면서 여기저기서 반역자들이 나타났기 때문이다.

2008년 말 터진 세계 금융위기는 그 어느 때보다 달러의 위력을 실감케 했다. 하지만 그만큼 "더 이상 달러에만 의존해선 안 된다"는 자각을 일깨워 줬고, 사람들은 원래 태양신이었던 금을 찾게 된 것이다.

그런데 여기서 한 가지 명심해야 할 사실이 있다. 달러는 죽고 금은 산다고, 혹은 반대로 달러는 영원하고 금은 돌덩이에 불과하다는 식의 접근은 안 된다는 것이다. 한순간도 확신해선 안 된다. 진부한 이야기 같지만 절대로 예측하지 말고 대응해야 한다.

금에 투자하는 현명한 방법

금 투자는 '올인'의 형태로 접근해선 안 된다. 분명 금 투자는 현재로선 성공 확률이 높은 게 사실이다. 그렇지만 이럴 때일수록 침착해야 한다. 일단 자신의 포트폴리오에서 20%선 정도부터 시작하는 것이 적당하다. 여기서부터 '피라미딩(일정 기준을 두고 오르면 더 사고, 내리면 파는 방법)'으로 따라 붙어야 한다. 처음부터 30%를 넘겨선 안 된다.

둘째, 실물로 접근해야 한다. 물론 금을 실물로 투자하려면 세금 문제와 보관 문제가 뒤따른다. 그렇더라도 실물이다. 국제 금값이 온스당 2,000달러를 넘어서부터는 실물 금으로 보유한다는 원칙을 세워 놓고 행동에 옮기는 것이 필요하다.

셋째, 종이 금을 활용하려면 적립해야 한다. 왜냐하면 안타깝게도 현재 금에 대한 결제 통화도 달러이기 때문이다. 석유와 마찬가지로 금 역시 그 가격은 달러로만 매겨진다는 뜻이다. 따라서 실물 금을 왕창 사 놓고 기다리는 것이 아니라 금 ETF(상장지수펀드)나 은행의 금 저축상품 등과 같은 '종이 금'을 이용할 경우 금값이 올라도 달러 약세의 피해를 보게 된다. 달러 가치가 떨어지면 원화로 환산된 수익률은 하락하기 때문이다. 따라서 종이 금에 투자할 때는 시간과 금액을 쪼개서 적립해야 한다. 그러면 달러 가치가 떨어질 때 더 많은 금을 사 모을 수 있다. 기존 적립식 펀드와 비슷한 이치다.

마지막으로 금 투자와 관련해선 가격 차트를 맹신해선 안 된다. 금 가격에 있어서는 기술적 지표가 잘 적용되지 않는다. 금에는 적정가격이 없고 그냥 그 자체가 현실일 뿐이다. 실제로 국제 금값은 조작이 가능한 결정 구조를 갖고 있다.

먼저 금 현물 시장을 보자. 현재 세계적으로 고시되는 금값을 결정하는 곳은 런던 금시장 연합회의 '국제 금 시세 가격 책정 5각회'다. 이들은 로스차일드 은행(2005년부터 바클레이즈 은행으로 대체됐음), HSBC, 도이치방크, 쏘시에테 제네럴, 스코셔-모카타 은행 등 5곳으로 엄밀히 말하면 이들 은행이 국제 현물 금 시세를 결정한다.

이뿐만이 아니다. 금 매매 가격은 더 쉽게 교란시킬 수 있다. 예를 들어 COMEX(시카고 상품거래소)에 상장된 대형 금 ETF(상장지수펀드) 가격을 살펴보자. '종이 금'으로 불리는 금 ETF는 해당 회사에서 금을 사 놓고 이를 주식으로 쪼개 증권화시켜 거래하는 방식이다. 하지만 엄밀히 말해 딱 보유한 금만큼 주식을 발행하는 게 아니다. 은행의 지급준비율 제도처럼 2배, 5배, 또는 그 이상의 주식을 찍어 거래한다. 따라서 자본은 실물 금과는 상관없이 금 ETF 주식을 순간 대량 매도하거나, 공매도를 통해 가격을 비정상적으로 급락시키는 방식으로 일정 기간 가격을 교란시킬 수 있다.

그런데 이런 상황이 막상 닥치면 순진한 개인 투자자들은 공포에 떨며 종이 금을 팔고, 나아가 실물 금까지 팔면서 진짜로 금 가격을 하락시키는 데에 일조하게 된다. 이처럼 자본은 자기 의도대로 언제든 금값을 폭락시킬 수도, 폭등시킬 수도 있다는 사실을 기억해야 한다.

한 가지 더. 상당수 경제학자들은 금본위 제도로 돌아가면 자본주의 시스템의 주인이 자본이 아닌 우리 인간이 될 것이라고 주장한다. 틀린 이야기는 아니다. 화폐의 가치를 금에 연동시켜 명확하게 고정시킨다면 돈은 더 이상 빚지지 않을 테고 그럼 우리도 자본에게 빚지지 않을 수 있다.

하지만 이런 생각도 해본다. 지금 이 순간, 바로 이 순간, 금본위 제도로 돌아가자고 하면 정녕 대중은 좋아할까라는 의문이다. 돈을 매년 일정량만 찍자고 했을 때, 그리고 힘들겠지만 좀 참아 보자고 했을 때 우리는 정말 환호할까라는 의구심이기도 하다. 그래서 자본은 속으로 금을 굉장히 우습게 여기고 있는지도 모르겠다.

15_ 자본, 판을 흔들다

자본은 파괴적 파괴와 창조적 파괴를 동시에 활용한다.
자본은 파괴의 장본인이다.

■ 미국의 파산으로 촉발된 슈퍼 공황은 유럽발 재정 위기의 파국을 동시다발적으로 터뜨리면서 그 파괴력이 더욱 커지게 될 것이다. 미국과 유럽의 '동반 파산'이다.

15_ 자본, 판을 흔들다

자본은 파괴적 파괴와 창조적 파괴를 동시에 활용한다.
자본은 파괴의 장본인이다.

"우린 지금부터 대공황, 아니 슈퍼 공황을 준비해야 합니다."
주변 사람들에게 이런 말을 전하면 반응은 모두 한결같다. "공황? 말도 안 돼. 위기는 몰라도 공황은 없어." 또는 "네가 무슨 미네르바냐? 정신 차려." 등 모두들 코웃음을 친다. 하지만 나는 더 강하게 말하고 싶다. 객관적으로 봤을 때 현 상황은 과거 그 어느 때보다 공황의 가능성이 높은 시기라고. 그리고 이번에 찾아올 공황은 지난 1930년대의 대공황(Great Depression)과 비교해 봤을 때 강도가 훨씬 큰 '슈퍼 공황(Super Depression)'급이라고 말이다.
물론 앞서 '봄날은 간다'식의 논리에 따르면 이 슈퍼 공황은 순서상 과거에 한 번도 경험해 보지 못한 '울트라 버블'이 있어야만 그 다음에 찾아오게 된다. 따라서 만약 세계 자산시장이 별다른 반등이나 상승, 급등 없이 그대로 꺾인다면 역설적으로 공황 같은 위기는 절대 찾아오지 않을 것이다. 단적으로 말해 울트라 버블이 없으면 슈퍼 공황도 없다. 결국 적당한 불황, 조금 힘겨운 경기 부진이 찾아온다면 현재로선 오히려 환영할 만한 일인 것이다.

그래서 나도 그렇고, 일부 경제학자들은 "괜히 돈 찍어서 사태를 봉합하려 하지 말고 그냥 불황으로 갔으면 좋겠다"는 의견을 보이기도 한다. 이런 주장 뒤에는 지금 바짝 정신 차리고, 다시 한 번 허리띠를 졸라매고, 혹독한 노력으로 재기를 노린다면 전화위복이 될 수 있다는 속내가 숨어 있기도 하다. 공황보다는 불황이 정말 더 괜찮은 거다.

그러나 세상은 전반적으로 이것을 원하지 않는다. 그래서 지금은 지난 2003년~2007년에 나타났던 슈퍼 버블을 넘어서는 '울트라 버블'이 만들어질 가능성이 훨씬 높다고 봐야 한다.

시작엔 울트라 버블이 존재한다

유동성의 힘은 강하다. 돈이 풀리면 자산 가치는 오를 수밖에 없고 자신의 주식과 부동산 등 자산 가치가 오르면 사람들은 들뜨게 되고, 돈을 쓰고, 그래서 경기는 빠르게 호전된다. 일각에선 '유동성의 함정'

운운하면서 돈의 힘을 폄하하지만 이는 단기적 현상이다. 지금처럼 정부가 직접 돈을 풀고, 아예 "될 때까지 풀겠다"는 의지를 확고히 한다면 일순간 사람들의 마음은 바뀌게 된다. 그리고 이 돈을 갖고 뭐든 사려고 자산 시장으로 뛰어들고야 만다. 마치 불나방처럼 말이다. 그렇게 되면 주식이, 원자재 시장이 꿈틀거릴 것이고 지역에 따라 부동산도 다시 고개를 들 수 있다.

특히 인플레이션도 여기에 가세할 것이다. 인플레이션은 버블을 알리는 신호탄이다. 아마도 세계 각국 정부는 통계를 조작(손질)하는 방법으로 공식적인 물가상승률 수치를 왜곡할 수는 있겠지만 결국 주머니 속 송곳은 드러나게 마련이다. 엊그제 1%라던, 3%라던, 높아봐야 5%라던 물가상승률은 한순간 두 자릿수를 찍게 된다. 아마도 이때쯤엔 이미 울트라 버블은 우리 바로 옆에 찾아와 있는 것이라고 봐야 한다.

무엇보다, 너무나 안타깝지만 이것은 바로 '슈퍼 공황'의 시작을 알리는 대표적인 전조가 된다. 물건 가격이 오른다? 왜일까? 사람들이 종이돈 대신 실물이 더 가치가 있다고 생각해 몰려들기 때문이다.

과거 역사를 봐도 그랬다. 모든 사람들이 화폐(종이돈) 대신 실물을 갖고 싶어 하면 실물자산의 가격은 단박에 폭발적으로 튀어 올랐다. 그리고 이것은 곧 파멸의 시작을 의미했다. 종이돈의 수명이 다했다는 건, 자본이 자신의 충신을 스스로 죽였다는 건 이제 판을 한번 흔들겠다는 의도이다. 아마도 어느 날 갑자기, 네덜란드의 튤립 투기가 붕괴하듯, 1929년 '검은 목요일'처럼, 1987년 '블랙 먼데이'처럼 '울트라 버블'은 단 며칠 만에 '슈퍼 공황'으로 변신할 것이다.

이미 세계 경제는, 아니 인류는 밑바닥이 보이지 않는 절벽으로 스포츠카를 몰고 달려가고 있다. 그래서 어서 빨리 차를 세우거나 차를 버리고 뛰어내려야 한다. 차가 아무리 비싸도 지금은 버려야 한다. 그리고 아무리 힘들어도 수만 리 길을 걸어 다시 우리의 포근한 고향으로 돌아가야 한다. 하지만 결코 쉽지 않아 보인다. 지금 사람들은 고가의 스포츠카를 안타까워하고, 그 먼 길을 어떻게 자동차도 없이 걸어갈 것인지 두려워하고 있기 때문이다. 그래서 어떤 행동도 취하지 않은 채 파국의 끝으로 그냥 내달리고 있을 뿐이다.

"뭐? 미국이 부도를 냈다고?"

만약 1년 동안 주식시장이 등락을 반복하다 한 20% 정도 하락했다면 걱정은 되지만 공포에 휩싸일 정도는 아니다. 이런 '추세적 하락'은 늘상 있어 왔던 일이다. 하지만 하루에 이런 급락이 나왔다면 이야기는 달라진다. 이건 충격이고 공포다.

1929년 10월 29일 미국 증시의 '검은 목요일(Black Thursday)'도 그랬다. 이날 하루 동안 다우존스지수는 평균 23%가 하락했다. 연일 투자자들의 자살 소식이 들려왔고 사람들은 투매에 나섰다. 이 때문에 주가는 더 폭락했고 집과 땅을 저당 잡힌 돈으로 주식 투자를 했던 미국인들은 순식간에 파산하고 말았다.

그렇지만 상황은 여기서 멈추지 않았다. 대규모 손실을 본 사람들은 소비를 줄였고, 물건이 팔리지 않자 기업들은 직원들을 해고했다. 이어서 대규모 실업 사태가 펼쳐졌고 빚을 받아 내지 못한 은행들도 문을 닫았다. 1930년대 미국 대공황은 바로 이렇게 시작됐다. 단 하루 만에 펼쳐진 증시 폭락으로 말이다.

지금도 사람들은 "왜 그날 주가가 그렇게 폭락했을까" 하고 궁금해한다. 혹자는 증시라는 게 원래 그런 것이라고도 한다. 몇몇 학자들은 당시 FRB가 할인율(연방준비제도이사회가 상업 은행들에게 물리던 이자율)을 1925년 3%에서 1928년 2월 5%로, 그리고 8월 6%로 빠르게 올리면서 주식시장이 위축됐다고 한다. 그러나 확실한 이유는 아무도 모른다. 다만 하루 동안의 주가 대폭락이란 '현상'만 있었을 뿐이다. 이유는 없이 현상만 존재하는 상황, 그런데 이 현상은 세계 경제의 근간을 흔들었다.

1930년대 미국은 지옥이었다. 실업률은 25%를 넘어섰고, 뉴욕 거리에서 아이들은 배가 고파 쓰레기통을 뒤졌다. 특히 당시 자본은 공황을 쉽게 끝내 주지 않았다. 아니, 오히려 가속화시켰다. 무려 5년 넘게 시중의 통화량을 무자비하게 축소시켰던 것이다. 극심한 디플레이션을 만들어 대공황에서 나오려는 탈출구를 원천 봉쇄했고, 결국 1929년 시작됐던 대공황은 10년 넘게 지속됐다.

한편, 자본은 세상이 대공황으로 모두 힘들어할 때 이미 사전 준비를 마무리 지어 놓았다. '검은 목요일'에 일시에 주식시장을 떠났던 자본은 미리 금을 사 두고 있었다. 그리고 대공황 중에 가격이 급등한 금을 팔아 이번엔 가격이 폭락한 집과 토지, 기업(주식), 은행을 싹쓸이했다.

그런데 참 공교롭게도 이들 자본이 금을 팔고 나니 당시 루즈벨트 대통령이 바로 'The Gold Reserve Act(1934년)'를 통해 개인의 금 소유를 금지시켰다. 금을 모두 빼앗아 국가 창고에 넣은 다음 "금은 죽었다"고 사망신고를 해 버린 것이다. 이쯤 되면 아무리 짜고 치는 고스톱이 아니라고 해도 자본의 속임수를 모를 수가 없다. 더 신기한 건, 이런 '금의 사망'을 통해 루즈벨트는 대공황으로부터 미국과 세계 경제를 구해 냈다는 역사적 사실이다. 이어 놀랍게도 그렇게 오를 기미가 없던 자산시장 가격도 다시 상승하기 시작했다.

그럼 앞으로 찾아올 슈퍼 공황은 어떤 식으로 우리에게 찾아올까. 현재 파악되는 '슈퍼 공황'의 핵심 요인은 바로 '달러의 사망'이다. 혹자는 '기축통화의 붕괴'라고도 하고 '종이돈의 최후'라는 표현도 사용한다. 가장 노골적으로 표현하면 미국이 부도를 내는 것이다. 따라서 만약 미국이, 그리고 미국 달러가 힘을 내면 '슈퍼 공황'도 결코 오지 않는다. 위기는 있어도 결코 공황은 아닐 것이다.

그러나 미국 달러가 부활하기는 불가능해 보인다. 미국 정부는 중국과 일본에만 각각 1조 달러가 훌쩍 넘는 빚을 포함해 전 세계에 16조 달러(2012년 8월 말 현재)의 빚을 지고 있고, 자국 국민들에게 갚아야 할 빚이 120조 달러가 넘는다. 심지어 이제 1950년대 후반~1960년 초반에 태어난 베이비 부머 세대들이 은퇴를 하는데, 이들에게 내어 줄 연금이 부족할 정도다. 무엇보다 지금까지 해왔던 것처럼 달러를 찍어 내 이런 막대한 빚을 갚는 방법도 더 이상은 힘들어 보인다. 그럼 남은 방법은 '빚잔치'뿐이고, 미국의 모라토리엄 선언밖에는 없다. 미국의 파산으로 촉발된 슈퍼 공황은 유럽발 재정 위기의 파국을 동시다발적으로 터뜨리면서 그 파괴력이 더욱 커지게 될 것이다. 미국과 유럽의 '동반 파산'이다. 이때 유럽발 충격은 그리스, 스페인, 이탈리아, 프랑스를 지나 마지막 종착역인 영국에 닿으면서 최고조에 달할 것이다. 이렇게 되면 이제 달러화, 유로화, 파운드화가 모두 사망의 지경에 이르는 셈이 된다. 여기에 일본의 파산, 엔화의 파산도 한몫한다. 미 국채를 투매하면서 상황을 걷잡을 수 없게 만들 것이고, 휴지가 된 미 국채에 일본인은 모두 알거지가 될 것이다.

이때쯤엔 이미 국제유가는 배럴당 300달러를 넘어설 테고, 시장에는 '달러는 받지 않습니다'라는 문구가 내걸리고, 곧이어 거래 자체가 끊겨 버리고 만다. 혹자는 이때 위안화로, 엔화로, 호주 달러로, 하다못해 스위스 프랑으로 거래하면 된다고 한다. 하지만 이것은 말도 안 되는 소리다. 달러가 죽어 버리면 '종이돈'은 일단 끝장이다. 현재 모든 국가의 통화 가치는 달러 가치에 의해 상대적으로 측정되기 때문이다.

가령 달러 가치가 0으로 수렴하면 모든 통화 가치는 이론적으로 동일하게 무한대로 올라간다. 즉 원화 가치도 무한대, 엔화 가치도 무한대, 유로화 가치도 무한대, 위안화 가치도 무한대, 캐나다 달러도 무한대가 된다는 이야기다. 그렇다면 이건 무슨 뜻일까? 한마디로 아무 소용이 없다는 거다. 모든 종이돈은 다 거기서 거기라는 것이고 이는 곧 세상의 어떤 종이돈이든 실물(상품)에 대해서는 그 가치가 0원이 된다는 뜻과 같다.

그래서 이 모든 것의 시작인 달러의 사망은 정말 무섭다. 이번에 찾아올 공황을 '슈퍼 공황'이라고 표현한 것도 바로 이 때문이다. 이번 슈퍼 공황에 찾아오는 디플레이션은 40%, 60%, 90% 수준의 가격 폭락이 아니다. 가격이란 게 완전히 무의미해지는 순간이다.

이 슈퍼 공황은 단 하루 만에 터진 후 단 며칠 만에 전 세계를 휩쓸어 버릴 것이다. 마치 1929년 10월 미국 증시의 '검은 목요일(Black Thursday)'에 그랬던 것처럼 말이다.

거대한 냉장고, 텃밭, 금, 권총 그리고 이웃

이번 '슈퍼 공황'의 구체적인 모습에 대해서는 따로 설명하지 않겠다. 말해도 잘 상상이 가지 않는 고통일 테니까. 당연히 나도 잘 와 닿지 않는다. 지난 1930년대 대공황과 1940년대 제2차 세계대전을 경험했던 사람들만이 어느 정도 이해할 수 있겠다. 하루에 밥 한 끼도 제대로 못 먹고, 그것도 이런 생활이 앞으로 얼마나 이어질지 기약 없는 상황이 주는 공포와 괴로움은 1950년대 이후 출생자들은 절대 실감할 수 없다. 추운 겨울, 방 안 온도가 10도에도 미치지 못하는 곳에서 잠을 잔다는 것은 생각할 수도 없으니까.

그래서 '슈퍼 공황'의 도래를 확신하는 사람이라면 틈틈이 시골로 내려가 꽤 널찍한 텃밭 딸린 집을 하나 장만할 계획을 세워 놓고 있어야 한다. 지금은 쌀의 자급률도 100% 미만으로 떨어진 상황이다. 심지어 쌀 이외의 농작물은 채 5% 정도다. 사람은 밥만 먹고 살 수 없다. 따라서 자신의 텃밭에 상추나 고구마, 호박 정도 심을 공간을 마련해 둔다면 유용하게 사용할 수 있을 것이다. 만약 이처럼 시골로 내려갈 여유가 되지 않는다면 최소한 3~6개월 정도는 버틸 식량을 저장할 수 있는 냉동 창고를 확보해 두는 것도 한 방법이 될 수 있다.
또한 금도 필요하다. 달러 다음 세상이 금태환 체제로 바뀔 것이라고 '절대' 동의하지 않지만 새로운 기축통화가 결정되기 전까지 금은 상당 기간 화폐처럼 사용될 것이기 때문이다(자본도 잠시 눈감아 줄 것 같다). 내 아이가 영양실조나 추위에 떨게 만들고 싶지 않다면 지금부터 금을 모아 슈퍼 공황 '초반'의 암흑기에 사용해야만 한다. 물론 이때의 금은 손에 쥘 수 있는 실물 금이 돼야 한다.
나와 가족의 안위를 지키는 준비도 필요하다. 미국은 문맹률이 20%에 달하는 세계에서 가장 무식한 국가 중 하나이지만 한편으로는 가장 많은 음모론자들이 모여 있는 곳이다. 이들이 요즘 총 장만에 몰두하고 있다고 한다. 수많은 전쟁과 개척의 역사 속에서 총으로만 자신의 몸을 지킬 수 있다는 DNA가 배어 있어서 그런지 총에 대한 애정이 무척 강하다.
그러나 그 어떤 것보다 슈퍼 공황에 가장 빛을 발하는 대처 방법은 바로 가족간의, 친구간의, 동호회간의, 동문간의, 지역사회간의 확실한 네트워크를 쌓는 일이다. 슈퍼 공황의 경우 1930년대 대공황처럼 10년 넘게 지속될 수도 있지만 아비규환의 시기는 초반 1~2년이다. 이때 얼마나 잘 살아남느냐가 관건이다. 텃밭 가꾸는 법을 가르쳐 줄 농부, 아픈 아이를 치료해 줄 의사, 혼돈의 시기를 현명하게 이끌어 줄 지도자 등 이웃과의 진심 어린 공조 체제 구축이 매우 소중하게 느껴질 것이다.

예를 들어 농사짓는 친구와 주유소 사장, 의사와 약사 친구, 학교 선생님, 금은방 주인과 유통업에 종사하는 친구, 특전사 출신, 집 짓는 목수 등으로 구성된 아주 끈끈한 우정을 자랑하는 고등학교 동창 모임이 있다고 해보자. 정말 이런 각계각층의 친구 20~30명이 신뢰와 사랑을 갖고 마치 한 몸처럼 움직인다면 그 누구도, 그 무엇도 무서울 것이 없다.

슈퍼 공황. 정말로 이 시기가 온다면 우리는 모두 제로베이스에서 다시 시작해야만 한다. 그런데, 역설적이지만 만약 모든 사람이 슈퍼 공황이 오기를 바라면서 겸손하게 살아간다면 찾아오지 않을 수도 있을 것이다. 자본은 가지려는 탐욕과 빼앗길까 두려워하는 공포를 사랑하는 반면, 쿨한 만족이나 어쩔 수 없는 체념 등은 별로 좋아하지 않으니까 말이다.

미래 전망서 『거대한 파동』의 저자 데이비드 헤케는 '과거 빅토리아 시대(1837~1901년, 영국의 빅토리아 여왕이 통치한 시대)에서 시작된 거대한 경제 파동이 마무리되고 있다'고 주장한다. 인류의 거대한 파동은 80~120년을 지속하는데 1896년에 본격화된 상승 파동이 이제 결말로 치닫고 있고, 이 거대 파동은 전쟁, 전염병, 굶주림, 그리고 완전한 경제 파괴로 끝날 것이라는 이야기이다. 물론 이때 파동을 만들었던 주체는 바로 자본이었고, 향후 경제 파괴를 주도하는 것도 역시 자본이다.

그렇다면 이제 자본주의 시스템은 이대로 붕괴되는 것인가.

글쎄. 다만 한 가지 확실한 건 창조적 파괴와 파괴적 파괴를 동시에 구사하고, 아담 스미스와 칼 마르크스를 모두 품에 안을 줄 아는 장본인이 바로 자본이라는 사실이다. 그는 분명 시작을 끝으로 만들고, 끝을 다시 시작으로 만들어 갈 것이다.

| 에필로그 |

자본의 함정에 빠지지 않기

아마도 지금 이 페이지를 편 독자는 크게 두 가지에 대해 좀 더 노골적인 질문을 던지고 싶어 할 것 같다. 첫째는 "그러니까 그 자본이 도대체 누굽니까?"라는 것, 둘째는 "좋아요, 그럼 자본의 계략에서 벗어나려면 어떻게 해야 합니까?"라는 질문이다.

그렇다. 솔직히 말해 본문에선 속 시원하게 고백하지 못했지만 난 분명 '세력'이 실존한다고 믿는다. 우리 모두를 자신들 앞에 무릎 꿇리고 노예처럼 부리는 최상위층 자본 세력이 존재한다고 말이다.

하지만 너무 안타깝게도 난 아직 그들의 실체를 '팩트'로 확인해 내지는 못했다. 그래서 여러분께 골드만삭스 최대 주주가 자본의 실체라거나, 미 연방준비제도이사회(FRB)의 지분을 소유한 몇몇 가문들이 자본 피라미드의 정점에 위치한다거나, 아니면 세계의 0.000001%에 해당하는 몇 천 명의 엘리트들이 매년 어디선가 만나 향후 펼쳐질 세계사의 흐름을 기획한다거나 하는 식의 말을 할 수 없었던 것이다.

그렇지만 한 가지 분명하게 말하고 싶은 게 있다. 그것은 이들 자본 세력은 반드시 자본주의 시스템 안에서만 활동할 수 있다는 것이다.

따라서 우리가 이 책을 통해 앞서 소개한 자본 시스템이 돌아가는 원리만 인지하고 있으면 굳이 세력을 구체화시킬 필요가 없다. 자본 세력은 자본 시스템과 동일한 원리로 작동하기에 그렇다.

그렇다면 어떻게 자본을 이기는가. 실은 매우 간단하다. 시스템 곳곳에 포진돼 있는 그들의 함정에 빠지지 않으면 되는 것이다. 이건 마치 "담배를 어떻게 끊어요?"라는 질문에 "그냥 끊으면 돼"라는 답변과 유사한 구조다. 속임수를 이기는 가장 좋은 방법은 역설적으로 속지 않는 것이기 때문이다.

종종 "그들을 색출해 삼대를 멸하자"라는 주장을 접할 때가 있다. 하지만 이는 원천적으로 불가능하다. 왜냐하면 이미 우리 자신이 자본주의 시스템의 한 구성원이 되어 버렸기 때문이다. 세력 입장에서 봤을 때 우리가 없으면 자신들의 존재 의미를 잃어버리는 것과 마찬가지로, 우리 또한 자본과 자본 시스템이 없으면 삶의 기반이 붕괴되어 버리는 상황에 처한 것이다.

따라서, 소극적이라고 비난할지도 모르지만, 현재 우리가 할 수 있는 건 '유혹에 넘어가지 않기' 또는 '함정 피해 가기' 등의 대응뿐이다. 아니, 이것만큼 효율성 높은 대처법은 없다고 확신한다. 정말로 의인이 되고 싶은가. 그러면 악인의 길에 들어서지 말기를 바란다. 굳이 악인의 길로 뛰어들어 모든 악인을 다 죽여 없애 버릴 필요는 없다. 어쩌면 당신이 칼을 들고 등장하는 순간 자본은 애써 웃음을 참느라 힘들어 할지도 모른다.

책을 마치면서 또 한 가지 반드시 말하고 싶은 건 자본주의와 자유주의를 절대로 헷갈리면 안 된다는 점이다. 우린 지금 자본주의 시스템의 오류와 함정에 대해 말하고 있다. 인간의 자율의지를 신뢰하고 존중하는 자유주의는 논의의 대상이 절대 아니다. 하지만 요즘 돌아가는 모습을 보면 이 자본 세력이 은근슬쩍 자유주의를 끌어들이고 있다. 마치 자유주의 때문에 자본주의 폐단이 커지는 것처럼 연막전술을 펼치고 있는 것이다.

다시 한 번 말하지만 신자유주의(Neo-liberalism)와 자유주의는 전혀 별개다. 복지도 필요하고, 시장에 국가가 개입하는 것도 좋지만 그 어떤 것도 우리 영혼의 자유로움과 신념을 무시하는 쪽으로 흘러가선 안 된다. 만약 우리 스스로 느끼고 생각하고 선택할 권리를 포기한다면 그것은 자본이 가장 원하는 일일 뿐이다. 분명 나는 나로서 살아갈 권리가 있고 그렇게 살아가야 한다.

고마운 분들이 많다. 무엇보다 먼저 김연홍 대표와 아라크네 식구들에게 무한한 감사를 표한다. 김 대표는 기획이 번번이 바뀌는 와중에서도 뚝심 있게 방향을 잡아 주었다. 중간 중간 나아갈 방향을 잃고 헤맬 때마다 김 대표의 예리한 조언은 푯대를 향해 나아가는 원동력이 되어 주었다. 또한 김종신 부장과 함께했던 연남동 맛집은 집필 내내 큰 도움이 됐다.

남성 잡지 「에스콰이어」 민희식 편집장과 김민정 부장에게도 많은 것을 빚졌다. 지난 7년간 컨튜리부팅 에디터로 활동할 기회를 주었고, 참 고맙게도 자본에 대한 다양한 통찰 기사를 반겨 주었다. 책의 저변에 깔린 자본 시스템에 대한 분석은 상당 부분 이 기간 동안 완성됐다. 「에스콰이어」는 「매일경제」에 이은 나의 또 다른 고향이라고 생각한다.

가족들은 지금의 나를 만들어 준, 그리고 자본의 속임수에서 하루하루 버텨 내게 해준 내 힘의 원천이다. 홀로 살아가시는 어머니, 사랑하는 나의 동반자 아내 김해경, 나의 꿈과 기쁨이고 평생 내 친구가 될 두 아들 준서와 준혁이. 이들은 자본이 어서 빨리 내 편으로 오라고 유혹할 때마다 나를 지켜주고 있다. 내가 그토록 이루고 싶었던 자유로운 영혼을 더 단단하게 완성시켜 주는 소중한 사람들이다.

하늘나라에 계신 아버지에게도 말을 건네고 싶다. 지금도 돌아가시기 석 달 전까지도 지하철만 고집하시던 아버지 모습이 생생하다. 아버지로부터 배운 돈에 대한 가르침은 결정적인 순간 자본의 노예가 되지 않도록 나를 채찍질하고 있다. 정말로 그립다.

마지막으로 진정한 알파와 오메가요, 이 세상의 시작과 끝인 주님께 모든 영광을 돌린다. 가짜인 자본이 왕 노릇하며 우리의 자유를 빼앗는 시절은 결코 영원하지 못할 것이라고 확신한다. 마라나타.

2012. 11 연남동에서
정철진 씀

어느 학교에서도, 어떤 회사에서도 절대 가르쳐주지 않는 협상의 비법

세계가 인정한 협상 교과서
리 웨이시엔 지음 | 박지민 옮김
272쪽 | 12,000원

정당한 상황이라도 요구하지 않으면 아무것도 얻을 수 없고, 무리한 상황이라도 무엇인가 요구하면 얻을 수 있다!

일상은 협상의 연속이다. 친구 사이, 가족 간, 회사와 회사 사이에 매일 크고 작은 협상이 벌어진다. 대만 출신 관리학 박사인 저자는 협상에 필요한 준비 단계부터 협상의 마무리에 이르기까지 자신의 경험을 토대로 협상의 기술을 소개한다. 그는 뛰어난 협상가가 되기 위한 자질로 △좀 더 많은 정보를 발굴하려는 의지 △남보다 강한 인내심 △높은 가격과 좋은 조건을 말할 수 있는 배짱 △서로 원원을 추구하는 정직한 태도 등을 꼽는다.

저자는 또 협상 과정에서 명심해야 할 사항으로 △사람마다 다른 특징을 파악하라 △각각의 입장이 다름을 인정하라 △상대방이 승리자라는 느낌을 갖게 하라 △해결 안 되는 의제에만 집중하지 말고 다른 것부터 먼저 해결하라 △상대방의 목표 달성을 돕게 되면 자신의 이익은 잃는다고 생각하지 마라 △작은 선물을 통해 관계를 긴밀히 맺어라 등을 강조한다.

— 동아일보

미국인들은 외국 바이어와 협상할 때 직접적으로 접근한다. 회사의 매출이나 판매 단가 등을 직접적으로 묻는다. 그들은 단독 협상을 좋아한다. 또 상대방의 국적과 상관없이 영어를 사용한다. 타이완 출신의 전문가가 각종 협상에서 목적한 바를 이뤄내는 전략을 조목조목 짚어냈다.

— 조선일보

최악의 파트너를
최고의 파트너로
바꾸어 주는
갈등 경영 전략서!

갈등, 거침없이 즐겨라
유용미·황소영 지음 | 224쪽 | 12,000원

커뮤니케이션을 잘한다는 사람들도 사소한 갈등 앞에서는 한계를 느끼곤 한다. 저마다 입장이 다르고 성격이 다르고 역할이 다른 사람들 사이엔 갈등이 존재할 수밖에 없다. 이 책은 모두가 이기는 게임으로서의 갈등을 강조하고 있다. 인맥 관리의 과정에서 갈등으로 인해 주춤거리고 있는 사람이라면 꼭 알아두어야 할 내용이다.

– 이지원 / (주)커뮤니케이션스플러스 대표

'갈등 게임의 목적은 상대가 나를 좋아하게 만들거나 혹은 싫어하지 않게 만드는 것이 아니라 상대방이 나를 위해 기꺼이 움직이도록 만드는 것'이라는 저자의 말은 인간관계에서 갈등을 겪는 모든 사람들에게 소중한 키워드가 될 것이다.

– 유제흥 / 한양대 교수

누구나 언제든 맞닥뜨릴 수 있는 조직 내 갈등, 그 또한 인간관계의 일부분이기에 피할 수 없다. 이 책은 이러한 갈등을 지혜롭게 극복하는 데 훌륭한 처방전이 되어줄 것이다.

– 최철호 / 삼성전기 수석연구원

자본에 관한 불편한 진실

초판 1쇄 발행 2012년 12월 10일
초판 2쇄 발행 2015년 10월 20일

지은이 정철진

펴낸이 김연홍
펴낸곳 아라크네

출판등록 1999년 10월 12일 제2-2945호
주소 서울시 마포구 방울내로7길 45(망원동)
전화 02-334-3887　**팩스** 02-334-2068

ISBN 978-89-98241-04-9 13320
※ 잘못된 책은 바꾸어 드립니다.
※ 값은 뒤표지에 있습니다.